오늘 당장 토익 보시나요?

오늘 당장 토익 보시나요?

발행일	2015년 4월 7일
지은이	Nicholas Won
펴낸이	손 형 국
펴낸곳	(주)북랩
편집인	선일영 편집 서대종, 이소현, 이탄석, 김아름
디자인	이현수, 김루리, 윤미리내 제작 박기성, 황동현, 구성우
마케팅	김회란, 박진관, 이희정
출판등록	2004. 12. 1(제2012-000051호)
주소	서울시 금천구 가산디지털 1로 168, 우림라이온스밸리 B동 B113, 114호
홈페이지	www.book.co.kr
전화번호	(02)2026-5777 팩스 (02)2026-5747
ISBN	979-11-5585-499-0 13740(종이책) 979-11-5585-500-3 15740(전자책)

이 책의 판권은 지은이와 (주)북랩에 있습니다.
내용의 일부와 전부를 무단 전재하거나 복제를 금합니다.

이 도서의 국립중앙도서관 출판예정도서목록(CIP)은 서지정보유통지원시스템 홈페이지(http://seoji.nl.go.kr)와
국가자료공동목록시스템(http://www.nl.go.kr/kolisnet)에서 이용하실 수 있습니다.
(CIP제어번호 : CIP2015010078)

오늘 당장 토익 보시나요?

Nicholas Won 지음

- 시험 직전
- 문법 45개
- 단어 145개
- 관용표현 100개만

시험 직전 문법, 필수단어,
관용표현 막판 정리 핸드북

북랩 book Lab

Prologue

　TOEIC에서 좋은 성적을 내기 위하여 오랫동안 준비했는데도 불구하고 막상 시험 일자가 가까워지거나 시험 당일이 되면 내가 그 동안 무엇을 공부해왔는지, 내가 제대로 준비는 한 것인지 의문이 들면서, TOEIC 시험에 대한 자신감이 없어지는 느낌을 받을 때가 자주 있습니다. 특히 직장인이라면 여러 가지 사정으로 인해 계획한 만큼 시험 준비를 충분히 하지 못해 시간에 쫓기는 경우도 많이 있을 것입니다. 그런데 대부분의 TOEIC 준비서는 많은 예제 및 문제 풀이 방법들을 담아 놓은 것들이라서 하루, 이틀 만에 다 훑어보기도 어렵습니다.

　본 교재는 TOEIC 중급 수준의 수험생들을 위해, 학습해왔던 내용들을 마지막으로 정리하는데 도움을 주고, 또 준비 시간이 부족한 경우에, TOEIC 시험 1~2일전 또는 시험 당일에 TOEIC에서 나올 가능성이 아주 높은 핵심 문법, 단어, 표현들을 마지막으로 Self-check하기 위한 교재입니다.

　본 교재는 TOEIC 핵심 문법, 단어, 관용어 3개의 파트로 구성되어 있습니다.

Part I 45 Grammar Points

Part I에서는 주어-동사의 일치, 현수 수식어, 병렬 구조 등과 같이 TOEIC에서 가장 자주 나오는 필수 문법 45개 포인트를 정확하게 알고 있는지 check할 수 있습니다.

문법 파트는 다음과 같이 구성되어 있지만, 시험 당일에는 Error Example, Grammar Point만 check하여도 핵심 문법은 어느 정도 정리가 될 것입니다.

1) **ERROR EXAMPLE**: TOEIC에서 가장 많이 나오는 문법 관련 Error Example을 제시하고 어디가 어떻게 틀렸는지를 확인
2) **GRAMMAR POINT**: TOEIC 대비 필수 Grammar Point 설명 및 추가 예문 소개
3) **PRACTICE TEST**: Sentence Correction 문제와 Sentence Completion 문제를 제시하여 TOEIC 대비 문제 풀이 준비 상태 확인
4) **ANSWER KEYS**: 위 Practice Test에 대한 정답 제공 및 더 이상의 실수가 없도록 간단한 설명 제공

본 교재 『오늘 당장 토익 보시나요?』는 필수 문법의 마스터를 보장해 주는, TOEIC 대비 Must Have 영문법 참고서입니다.

Part II TOEIC 필수 단어

　TOEIC 필수 단어에서는 TOEIC 시험에서 가장 많이 등장하는 단어들을 선정하여 어떤 문맥(Context)에서 이 단어들이 사용되며, 유의어와 반의어는 무엇인지 정리하였습니다.

　TOEIC Reading Comprehension의 상당수 문제들이 지문에 등장하는 어느 한 단어에 대한 올바른 paraphrase(바꾸어 말하기), 동의어, 반의어에 대한 지식을 묻는 것들이기 때문에, 평상시에도 본 교재의 Part II와 같은 형식으로 단어를 학습할 것을 권장합니다.

　또, TOEIC 고사장에서 시험 시작 시간을 기다리실 때 마지막으로 Part II의 요약노트를 읽는 것만으로도 핵심 단어들을 정리하는 데 많은 도움이 될 것입니다.

Part III Idioms & Expressions

　Part III는 TOEIC 필수 Idioms & Expressions입니다. TOEIC의 원래 목적이 영어를 제2외국어로 사용하는 Working Level Businessman들의 실력을 평가하기 위한 것이기 때문에 TOEIC에 나오는 관용표현들은 Business 현장에서 사용되는 것들이 많습니다.

Part Ⅲ에서는 TOEIC에 나왔거나 나올 가능성이 높고 또 가장 많이 사용되고 있는 100개의 Business English를 선정하여 예문 및 그 의미를 check할 수 있도록 했습니다. 시간이 정말로 부족한 경우에는 Part Ⅲ의 요약 노트만이라도 check하시기 바랍니다.

본 교재를 잘 활용하시어 모두 원하는 목표를 달성할 수 있기를 소망합니다.

고맙습니다.

Nicholas Won 올림

Contents

Prologue · 4

Part I 45 Grammar Points

Chapter 1 동사의 시제(Tense)

- **Point 1** 시제의 정확한 이해 · 16
- **Point 2** 현재완료와 과거완료의 올바른 용법 · 24
- **Point 3** HAVE + 과거분사 + SINCE, FOR, BY NOW의 올바른 용법 · · · · 30
- **Point 4** 시간의 부사들과 동사의 시제 · 36
- **Point 5** 기간: HAVE + BEEN + 과거분사의 올바른 용법 · · · · · · · · · · · 42
- **Point 6** 예상: WILL HAVE + 과거분사 · 48
- **Point 7** WILL과 WOULD에서 올바른 시제 용법 · · · · · · · · · · · · · · · · · · 54
- **Point 8** HAD HOPED 다음에 오는 동사의 올바른 시제 · · · · · · · · · · · · 60

Chapter 2 명사절

- **Point 9** 명사절 · 66
- **Point 10** 명사절 Connector 겸 주어의 올바른 용법 · · · · · · · · · · · · · · · · 74
- **Point 11** 명사절 Connector 겸 목적어의 올바른 용법 · · · · · · · · · · · · · · · 80

Chapter 3 형용사절

- **Point 12** 형용사절 · 88
- **Point 13** 형용사절 표식어의 올바른 용법 · 96
- **Point 14** 불완전 형용사절 · 104

CHAPTER 4　부사절

Point 15　불완전 부사절 · 112
Point 16　시간과 원인의 부사절 표식어의 올바른 용법 · · · · · · · · · · · · · 118
Point 17　비교, 조건, 양태, 장소의 부사절 표식어의 올바른 용법 · · · · · · · 124
Point 18　원인과 결과의 부사절 표식어의 올바른 용법 · · · · · · · · · · · · · · 132

CHAPTER 5　주어 동사의 일치

Point 19　주어-동사 일치 · 140
Point 20　주어-동사 일치 잘못: 주어의 수식어에
　　　　　　동사를 일치시키는 잘못 · 146
Point 21　주어-동사 일치 잘못: 주어를 동반하는 구나 절에
　　　　　　동사를 일치시키는 잘못 · 152
Point 22　주어-동사 일치 잘못: 주어의 동격 안의 단어들에
　　　　　　동사를 일치시키는 잘못 · 158
Point 23　주어-동사 일치 잘못: 부정 주어와 동사 · · · · · · · · · · · · · · · · · 164
Point 24　주어-동사 일치 잘못: 집합 주어와 동사 · · · · · · · · · · · · · · · · · 174

CHAPTER 6　병렬 구조

Point 25　병렬 구조: 등위접속사의 올바른 용법 · · · · · · · · · · · · · · · · · · 184
Point 26　병렬 구조: 상관접속사의 올바른 용법 · · · · · · · · · · · · · · · · · · 192
Point 27　병렬 구조: 비교의 올바른 용법 · 200

CHAPTER 7 조건문과 가정법(소망, 바람)

- **Point 28** 조건: 가정법 현재의 올바른 용법 ······················ 206
- **Point 29** 조건: 가정법 과거의 올바른 용법 ······················ 212
- **Point 30** 가정법: 주어와 동사의 도치 ························· 218
- **Point 31** 가정 동사들에서 파생된 명사들의 올바른 용법 ············· 224
- **Point 32** wish의 올바른 용법 ······························· 230

CHAPTER 8 법조동사

- **Point 33** 법조동사 다음에는 동사 원형이 나옴 ·················· 238
- **Point 34** 논리적 결론: 현재의 사건 ························· 246
- **Point 35** 논리적 결론: 과거의 사건 ························· 252

CHAPTER 9 수식어와 현수분사

- **Point 36** 현수 수식어: ~ING와 ~ED 분사구문의 올바른 용법 ······· 260
- **Point 37** 수식어의 잘못된 위치: 형용사와 부사의 올바른 위치 ······· 266
- **Point 38** FEW와 A FEW, LITTLE과 A LITTLE, MUCH와 MANY ······ 272

CHAPTER 10 대명사와 대명사가 지칭하는 것들

- **Point 39** 대명사의 올바른 용법 ···························· 280
- **Point 40** 재귀대명사의 올바른 용법 ························· 286
- **Point 41** 대명사와 대명사가 지칭하는 명사의 일치 ··············· 292

CHAPTER 11 전치사와 전치사구

Point 42   전치사의 올바른 용법 · 300

Point 43   전치사와 전치사구에서 많이 하는 실수들 · · · · · · · · · · · · · · · · · · · 308

CHAPTER 12 관사

Point 44   관사의 올바른 용법 · 316

Point 45   관사를 혼동하지 말 것: 특정한 것과 일반적인 것의 구별 · · · · · · · 322

Part II   TOEIC 필수 단어

필수단어 요약노트 · 330

필수단어 A to Z · 339

Part III   100 Idioms & Expressions

관용표현 요약노트 · 370

관용표현 1 to 100 · 375

Part I

45 Grammar Points

Chapter 1 동사의 시제(Tense)

Point 1 — 시제(Tense)의 정확한 이해

1. ERROR EXAMPLE

WRONG: Americans found themselves with less free time over the past few decades even though they are earning more money.

RIGHT: Americans **have found** themselves with less free time over the past few decades even though they are earning more money.

미국인들은 지난 수십 년 동안 더 많은 돈을 벌고 있음에도 불구하고 자유 시간은 더 없는 자신들을 발견했습니다.

2. GRAMMAR POINT

동사의 시제가 달라지면 문장의 의미도 달라지게 때문에, 동사의 시제에 따른 의미의 변화와 사용 시기를 정확하게 이해하는 것이 중요함.

★ 동사의 시제에 관해 가장 빈번하게 출제되는 문제 유형

> ① 단순 과거 (Simple Past): 과거에 시작되어 과거에 종료된 사건이나 상황을 표현할 때 사용.

In 1992, Bill Clinton **became** President of the United States, beating his opponent by a wide margin.
1992년에, Bill Clinton은, 그의 경쟁자를 큰 차이로 물리치고, 미합중국의 대통령이 되었습니다.

Jennifer **spent** all her savings to buy a 1988 Buick Century.
Jennifer는 1988년형 Buick Century를 사기 위해 그녀가 저축한 것 모두를 소비하였습니다.

After winning the Nobel Prize, the famous novelist **began** teaching Creative Writing in a famous university.
노벨상을 수상한 후에, 그 유명한 소설가는 한 유명한 대학에서 창작을 가르치기 시작하였습니다.

WRONG: We have moved to New York City in 1989.
RIGHT:　　We **moved** to New York City in 1989.

> ② 현재 완료 (Present Perfect): 어떤 행위가 과거에 시작되었고 그 행위가 아직도 현재와 연결이 되어있는 경우에 사용.

Mr. Obama said that the military **has completed** hundreds of flights to bring food and water to Japan.
Obama 대통령은 군대가 일본에 음식과 물을 가져가기 위해 수백 회의 비행을 완료했다고 말했습니다.

Part I　45 Grammar Points

Social psychologists **have found** a second key predictor of mutual attraction: similarity.
사회심리학자들은 상호적 호감의 두 번째 주요 예측 변수가 유사성이라는 것을 발견했습니다.

I **haven't seen** Dr. Edward Johnson for a long time.
나는 오랫동안 Edward Johnson 박사를 보지 못했습니다.

WRONG: I lived in San Francisco since 1987.
RIGHT: I **have lived** in San Francisco since 1987.
나는 1987년 이후 San Francisco에 살았습니다.

> ③ 과거 완료 (Past Perfect): 어떤 과거의 행동이 있기 이전 또는 과거의 특정 시간 이전에 발생한 또 다른 과거의 상황이나 행동에 대해 언급할 때 사용.

Joyce **had** just **eaten** dinner before her parents arrived at 7:30 last night.
Joyce는 그녀의 부모가 지난 밤 7:30에 도착하기 전에 막 저녁을 먹었습니다.

The sky train **had left** by the time we got to the waterfront station.
공중 열차는 우리가 해안가 역에 도착한 시간에는 떠났습니다.

By 2011, the United States **had** already **become** the No. 1 destination for international students.
2011년까지는, 미합중국은 이미 유학생들의 첫 번째 목적지가 되었습니다.

WRONG: Philip have lived in Denver for ten years before he moved to the Silicon Valley to start his own company.

RIGHT: Philip **had lived** in Denver for ten years before he moved to the Silicon Valley to start his own company.
Philip은 자기 자신의 회사를 시작하려고 Silicon Valley로 이사하기 전 10년 동안 Denver에서 살았었습니다.

⭐ TIME MARKER (시간 표식어)

문장의 시제는 Time Marker(시간 표식어)라고 하는 단어들에 의해 결정되는 경우가 많음. 다음은 가장 많이 사용되는 TIME MARKER들.

> ① **SINCE:** *Since*는 완료형 시제와 함께 사용하며 특정 시간 이후를 나타냄.

Because National statistics on crime **have** only **been kept** *since* 1930, it is impossible to make judgments about crime during the early years of the nation.
범죄에 관한 국가 통계들이 1930년 이후만 보관되고 있기 때문에, 국가 초기 동안의 범죄에 관한 판단을 하기는 불가능합니다.

> ① **FOR:** *For*는 완료 시제들 또는 단순 시제들과 사용하며 시간의 지속을 나타냄.

She has been in the U.S. *for* six months.
그녀는 미국에 6개월간 있었습니다.

> ③ **YET:** *Yet*은 완료 시제의 부정문과 의문문에서 사용됨.

I have just got my acceptance letter from Yale University. Have you heard from Harvard University *yet*?
나는 예일 대학으로부터 입학 허가서를 막 받았습니다. 당신은 하버드 대학으로부터 아직 듣지 못했나요?

> ④ **ALREADY:** *Already*는 완료 시제의 긍정문에서 사용됨.

I have *already* finished all my term papers.
나는 나의 기말 과제물들을 이미 끝냈습니다.

> ⑤ **DURING:** *During*은 단순 그리고 진행형 시제들에 사용되어 시간의 지속을 보여줌. 완료 시제에서는 잘 사용되지 않음.

Everybody is having a hard time *during* the recession.
모두가 불경기 동안 힘든 시간을 겪고 있는 중입니다.

오늘 당장 토익 보시나요?

3. PRACTICE TEST

Test 1. SENTENCE COMPLETION: Choose the CORRECT answer.

1. By September 2018, Jack Morgan will _____.
   A. graduate from Harvard Law School.
   B. have graduated from Harvard Law School.

2. In 2012, Clarissa _____ Chairman of the Women's Rights International.
   A. had become
   B. became

3. These kinds of clothes _____ very popular in the countryside during the depression.
   A. were
   B. have been

4. When you called me last night, I _____ dinner with my parents.
   A. was having
   B. had had

5. They _____ five skyscrapers in Star City by the end of 2011.
   A. already built.
   B. had already built

Test 2. SENTENCE CORRECTION: Choose the INCORRECT word or phrase and CORRECT it.

1. By the time I got to the airport, the plane has already taken off.

2. I traveled to five major cities since I came to the United States last year.

3. The ground is wet. It must rained.

4. I took a shower when Helen called me last night.

5. By the end of 2005 I have already finished my bachelor's degree in computer science at the University of Rochester.

ANSWER KEY

Test 1

1. **B** (미래 완료) 2018년 9월에는 Jack Morgan은 Harvard 법대를 졸업했을 것입니다.

2. **B** (단순 과거 시제 became이 사용되어야 됨. 과거에서 시작되어 과거에 종료된 행위를 언급하고 있음) 2012년에 Clarissa는 국제여성인권위의 의장이 되었습니다.

3. **A** 이런 종류의 의복은 불경기 중에 시골에서 인기가 좋았습니다.

4. **A** 당신이 나에게 전화했을 때, 나는 나의 부모와 저녁을 먹는 중이었습니다.

5. **B** 2011년까지는 그들은 Star City에 5개의 마천루를 이미 건설하였습니다.

Test 2

1. By the time I got to the airport, the plane had already taken off.
   내가 공항에 도착했을 때는, 비행기는 이미 이륙하였습니다.

2. I have traveled to five major cities since I came to the United States last year.
   내가 작년에 미국에 온 후 나는 5개 주요 도시를 여행하였습니다.

3. The ground is wet. It must have rained.
   땅이 젖어 있습니다. 비가 내린 것이 틀림없습니다.

4. I was taking a shower when Helen called me last night.
   Helen이 지난 밤 내게 전화했을 때 나는 샤워를 하고 있는 중이었습니다.

5. By the end of 2005 I had already finished my bachelor's degree in computer science at the University of Rochester.
   2005년까지는 나는 Rochester 대학에서 컴퓨터 과학 학사 학위를 이미 마쳤습니다.

Part I 45 Grammar Points

Point 2 — 현재완료와 과거완료의 올바른 용법

1. ERROR EXAMPLE

WRONG: After the votes were counted, it had been determined that Obama was the winner.

RIGHT: After the votes had been counted, it was determined that Obama was the winner.
개표가 완료된 후에, Obama가 승자라는 것이 결정되었습니다.

2. GRAMMAR POINT

★ 현재 완료 시제(have+과거분사)와 과거 완료 시제(had+과거분사)를 혼동하는 경우가 종종 있는데, 사용법이 완전히 틀리기 때문에 잘 구별해서 사용할 수 있어야 함.

① 현재 완료 시제: *HAVE* + 동사의 과거분사형
과거에 시작되었으나 현재에도 아직 관련이 있는 행동이나 상황을 언급.

William Black **has lived** in Vancouver for almost twenty years.
William Black은 거의 20년 동안 Vancouver에 살고 있습니다

Nowadays, Apple's iPhones **have become** a fashion among young people in every part of the world.
오늘날, 애플의 아이폰은 세계 모든 지역의 젊은이들 사이에서는 패션이 되었습니다.

Because her proposal **has been rejected**, she is very depressed.
그녀의 제안이 거절되었기 때문에, 그녀는 아주 낙심해 있습니다.

She **has worked** very hard lately.
그녀는 요사이 열심히 일했습니다.

WRONG: By the time we got to the party, the guests have already left.

RIGHT: By the time we got to the party, the guests **had** already **left**.
우리가 파티에 간 시간에는, 손님들은 모두 떠났습니다.

> ② 과거 완료 시제: *HAD* + 동사의 과거분사형
> 과거 완료 시제는 과거의 어느 행동이나 상황이 또 다른 행동이나 상황 이전에 이미 발생했음을 언급.

We would have accomplished the task much earlier if you **had come** to help us.
만약 당신이 우리를 도와주러 왔었다면 우리는 좀 더 빨리 그 과업을 달성할 수 있었을 것입니다.

Jennifer **had finished** her dinner when Jack came to pick her up.
Jack이 그녀를 태우러 왔을 때 Jennifer는 저녁을 마쳤습니다.

Mary **had** already **gone** to sleep when we arrived at midnight.
우리가 자정에 도착했을 때 Mary는 이미 잠자리에 들었습니다.

By the end of the nineteenth century, Thomas Madison **had** already **become** one of the few billionaires in the country.
19세기가 끝났을 때, Thomas Madison은 이미 그 나라의 얼마 없는 억만장자들 중의 한 명이 되었습니다.

WRONG: I had taken five courses in computer science since I came to New York University last year.

RIGHT: I **have taken** five courses in computer science since I came to New York University last year.
나는 작년 New York 대학에 온 이후 컴퓨터 과학에서 5개 과정을 수강하였습니다.

3. PRACTICE TEST

Test 1. SENTENCE COMPLETION: Choose the CORRECT answer.

1. When I got home from school, my parents _____ .
   A. went to sleep   B. had gone to sleep

2. I don't know if you _____ from University of Washington yet.
   A. had heard   B. have heard

3. The train _____ the station for Atlantic City.
   A. has just left   B. had just left

4. By two o'clock this morning, Mary _____ eighteen hours continuously without any stop.
   A. worked   B. had worked

5. Great changes _____ in the rural area since the new economic reform.
   A. had taken place   B. have taken place

Test 2. SENTENCE CORRECTION: Choose the INCORRECT word or phrase and CORRECT it.

1. After I complete my studies in America, I will return to my own country.

2. When she began her schooling, she has already memorized 3000 new words.

3. Since I am grown up now, I should help my parents in finances.

4. Up to now, the city had built five community centers.

5. By the end of 1988, the number of international students in the country risen to two million.

ANSWER KEY

Test 1

1. **B** 내가 학교에서 집에 도착했을 때, 나의 부모는 잠에 들었습니다.
2. **B** (듣지 못했다는 동작이 현재에 아직 관련이 있기 때문에 현재 완료 have heard를 사용해야 됨.) 나는 네가 워싱턴 대학으로부터 아직 듣지 못했는지 모른다.
3. **A** Atlantic시로 가는 기차는 막 역을 떠났습니다.
4. **B** 오늘 아침 2시까지, Mary는 12시간을 어떤 중단 없이 일을 했습니다.
5. **B** 새로운 경제 개혁 이후로 커다란 변화들이 일어났습니다.

Test 2

1. After I have completed my studies in America, I will return to my own country.
   나는 미국에서 나의 연구들을 마친 후에는, 나의 조국으로 돌아갈 것입니다.

2. When she began her schooling, she had already memorized 3000 new words.
   그녀가 그녀의 학교교육을 시작했을 때, 그녀는 이미 3000개의 새로운 단어들을 암기했습니다.

3. Since I have grown up now, I should help my parents in finances.
   이제 나는 컸기 때문에, 나는 재정적으로 나의 부모를 도와야만 합니다.

4. Up to now, the city has built five community centers.
   지금까지, 시는 5곳의 시민문화회관을 건설하였습니다.

5. By the end of 1988, the number of international students in the country had risen to two million.
   1988년까지, 나라의 유학생 수는 2백만까지 올라갔습니다.

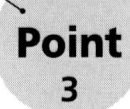

Point 3   HAVE+과거분사+SINCE, FOR, BY NOW의 올바른 용법

1. ERROR EXAMPLE

WRONG: Monica was elected in 2010 and is the student president of our school ever since.

RIGHT: Monica was elected in 2010 and **has been** the student president of our school ever **since**.
Monica는 2010에 선출되어 그 후 쭉 우리 학교의 학생회장이었습니다.

2. GRAMMAR POINT

★ HAVE+과거분사는 행동이 어느 기간 동안 연장되고 있음을 의미할 목적으로 사용됨.

★ HAVE+과거분사는 특히 since + 시간, for + 시간, by now와 같은 시간의 경과를 표현하는 부사적 표현들과 함께 주로 사용됨.

> ① SINCE + TIME (~때 이후 계속)

The English language **has changed** greatly *since* Shakespeare's time.
영어는 Shakespeare 시대 이후 많이 변했습니다.

Since the economic reform in 1979, dramatic changes **have taken place** in every part of China.
1979년의 경제 개혁 이후, 중국의 모든 부분에서 극적인 변화가 일어났습니다.

WRONG: The dollar had fallen more than 20 per cent since 2002.

RIGHT: The dollar **has fallen** more than 20 percent *since* 2002.

달러는 2002년 이후 20 퍼센트 이상 하락하였습니다.

※ 위의 예문에서 SINCE + 시간은 그 상황이 아직 현재에도 계속되고 있다는 것을 언급함. 따라서, 현재완료시제인 has fallen이 사용되어야만 함.

② SINCE + TIME (~때 이후 계속) BY NOW (지금까지)

You should **have put** the milk into the refrigerator. I believe it **has become** undrinkable *by now*.

너는 우유를 냉장고 안에 넣어 놓아야만 했었다. 지금쯤은 마실 수 없게 되었다고 나는 믿는다.

By now, several bridges **have been built** over the river.

지금까지, 여러 개의 교각들이 강 위에 건설되었습니다.

WRONG: By now, 14 years after the last batch of prisoners was herded naked into the gas chambers by dogs and guards, the story of Auschwitz was told a great many times.

RIGHT: *By now*, 14 years after the last batch of prisoners was herded naked into the gas chambers by dogs and guards, the story of Auschwitz **has been told** a great many times.

죄수들의 마지막 무리가 개들과 경비들에 의해 나체로 가스실 안으로 함께 끌려들어간 지 14년 후인 지금까지, Auschwitz의 이야기는 아주 자주 많이 말해지고 있습니다.

※ 위 예문에서, **by now**는 그 상황이 아직 현재와 연결이 되어 있다는 것을 보여줌. 따라서, 현재완료시제인 has been told가 사용되어야만 함.

③ FOR + TIME (~시간 동안)

Michael Dickens **has waited** *for* his whole life to have a mansion of his own. However, it turned out just to be a dream.
Michael Dickens는 그 자신의 맨션을 갖기 위해 그의 전 인생을 기다렸습니다. 그러나, 그것은 단지 꿈으로만 끝나버렸습니다.

I **have been** away from Paris *for* two weeks.
나는 몇 주간 파리에서 떠나있었습니다.

WRONG: For thousands of years men had dreamed about fame and fortune without any reason.

RIGHT: **For** thousands of years men **have dreamed** about fame and fortune without any reason.
수천 년 동안, 사람들은 아무런 이유 없이 명예와 부를 꿈꿔 왔습니다.

※ 위 예문에서, **for** + 시간은 그 상황이 아직 현재와 연관이 있다는 것을 보여줌. 따라서, 현재완료시제 have dreamed가 사용되어야만 함.

3. PRACTICE TEST

Test 1. SENTENCE COMPLETION: Choose the CORRECT answer.

1. I _____ here in New York City since 1988.
   A. lived
   B. have lived

2. You may by now _____ not to mix socially with economists - if you had not made that decision already.
   A. have resolved
   B. be resolved

3. We _____ waited for two hours, but nobody came.
   A. waited
   B. have waited

4. Since the dawn of civilization, humans _____ every means to conquer nature, but failed.
   A. had tried
   B. have tried

5. It is almost midnight, Mary should _____ to Paris by now.
   A. get
   B. have got

Test 2. SENTENCE CORRECTION: Choose the INCORRECT word or phrase and CORRECT it.

1. We have live in Seattle for five years.

2. He ought to arrive there by now.

3. Ray gave us a lot of help since we arrived.

4. I have took this medication since 1985.

5. We been friends since we were children.

ANSWER KEY

Test 1

1. **B** 1988년 이후 나는 여기 New York에서 살아왔습니다.
2. **A** 당신은 이제는 경제학자들하고는 사교적으로 어울리지 않을 것이라고 결심을 한 편이 좋을 것입니다 - 만약 그 결정을 아직 하지 않았다면 말입니다.
3. **B** 우리는 두 시간을 기다렸지만, 누구도 오지 않았습니다.
4. **B** 문명이 시작된 이후로, 인간들은 자연을 정복하기 위해 모든 방법을 시도해왔지만, 실패했습니다.
5. **B** 거의 자정입니다. Mary는 지금은 파리에 도착했어야만 됩니다.

Test 2

1. We **have lived** in Seattle for five years.
   우리는 Seattle에 5년 동안 살았습니다.

2. He ought to **have arrived** there by now.
   그는 지금은 거기에 도착했어야만 합니다.

3. Ray **has given** us a lot of help since we arrived.
   Ray는 우리가 도착한 이후 우리에게 많은 도움을 주었습니다.

4. I **have take**n this medication since 1985.
   나는 1985년부터 이 약을 복용했습니다.

5. We **have been** friends since we were children.
   우리는 우리가 아이들인 때부터 친구였습니다.

Point 4 — 시간의 부사들과 동사의 시제

1. ERROR EXAMPLE

WRONG: The Senate votes on the law to ban cigarette smoking in public in 1990.

RIGHT: The Senate **voted** on the law to ban cigarette smoking in *in* 1990.

<small>상원은 1990년에 공공장소에서 흡연을 금하는 법에 투표하였습니다.</small>

2. GRAMMAR POINT

★ 시간을 표현하는 부사 어떤 것을 사용하는 가에 따라 동사도 어떤 시제를 사용해야만 되는지가 결정되기 때문에, 시간의 부사들의 올바른 용법을 정확하게 알고 있어야 함.

Howard Jones **left** Microsoft for IBM two years ago.

<small>Howard는 2년 전에 Microsoft를 떠나 IBM으로 갔습니다.</small>

※ *two years ago*는 동사가 단순 과거 시제이어야 된다는 것을 보여줌.

Samuel Jackson **started** blogging for Asia Daily *last week*.

<small>Samuel은 지난 주 Asia Daily를 위한 블로그를 시작했습니다.</small>

※ *last week*는 동사의 시제가 단순 과거 시제이어야만 됨.

WRONG: Joy is very busy *lately*.

RIGHT: Joy **has been** very busy *lately*.

Joy은 요사이 아주 바빴습니다.

※ *lately*는 동사의 시제가 현재 완료 시제가 되어야 함.

★ 자주 사용되는 시간의 표현들

① 다음 단어들 또는 시간의 부사구는 현재 완료 시제와 함께 사용됨.

a) *for* 와 *since*: *how long*의 의미.

I **have been** in New York City for twenty years.
나는 New York시에 20년 동안 있었습니다.

She **has known** George since 1999.
그녀는 1999년부터 George를 알았습니다.

b) *recently, in the last few days, so far*: 지금까지도 계속되고 있는 기간

I **have not seen** Bill recently.
나는 최근에 Bill을 보지 못했습니다.

She **has met** with a lot of people in the last few days.
그녀는 지난 며칠 동안 많은 사람들을 만났습니다.

George **has completed** two novels so far this year.
George는 올 해 지금까지 두 권의 소설을 완료했습니다.

c) *today, this morning/week/month/year*: 현재를 언급

We **have not received** the newspaper today.
우리는 오늘 신문을 받지 못했습니다.

The city **has built** a new stadium this year.
시는 올해 새로운 경기장을 지었습니다.

d) *just, already, yet:* 보통은 현재 완료 시제와 함께 사용

Have you **had** your dinner yet?
당신은 아직 저녁을 안 먹었나요?

She **has** *already* **made** a lot of new friends in America since she came last month.
그녀는 지난 달 온 이후 미국에서 많은 친구를 이미 사귀었습니다.

WRONG: We had just seen the new movie.
RIGHT: We **have** *just* **seen** the new movie.
우리는 새 영화를 막 보았습니다.

---

② *by* + 시간 (과거)는 과거 완료 시제와 함께 사용.

By 2005, many American companies **had had** business cooperation with those in the developing countries.
2005년까지, 많은 미국 회사들이 개발도상국의 회사들과 사업 협조를 가졌습니다.

By ten o'clock this morning, we **had** already **had** two sales closed.
오늘 아침 10시까지, 우리는 이미 두 건의 판매를 종결했습니다.

WRONG: By the turn of the century, computers have become very popular in the developing countries.

RIGHT: By the turn of the century, computers **had become** very popular in the developing countries.

세기가 바뀔 때까지는, 컴퓨터는 개발도상국에서 아주 인기가 있게 되었습니다.

3. PRACTICE TEST

Test 1. SENTENCE COMPLETION: Choose the CORRECT answer.

1. People's lives _____ better and better ever since the country won its independence.
   A. have become   B. had become

2. Forks and spoons _____ by the people in the West for centuries.
   A. are used   B. have been used

3. He _____ to more than fifty countries in the last few years.
   A. has traveled   B. traveled

4. The little girl _____ very strangely lately.
   A. had behaved   B. has behaved

5. We _____ more than twenty-five new employees so far.
   A. have recruited   B. recruited

Test 2. SENTENCE CORRECTION: Choose the INCORRECT word or phrase and CORRECT it.

1. Have you talked to the Department Chair already?

2. Jenny had never had lobsters before.

3. He is waiting for you for a long time.

4. Since 1979 great changes took place in my hometown.

5. By 2006 our city has built more than thirty public libraries.

ANSWER KEY

Test 1

1. **A** 사람들의 생활은 그 나라가 독립을 얻은 후부터 계속 좋아졌습니다.
2. **B** 포크들과 숟가락들은 수세기 동안 서양 사람들에 의해 사용되어왔습니다.
3. **A** 그는 지난 몇 년 안에 50개 나라 이상을 여행했습니다.
4. **B** 그 작은 소녀는 최근 아주 이상하게 행동했습니다.
5. **A** 우리는 지금까지 25명 이상의 신입사원들을 채용했습니다.

Test 2

1. **Have** you **talked** to the Department Chair *yet*?
   당신은 아직 학과장에게 이야기하지 않았습니까?

2. Jenny **has** never **had** lobsters *before*.
   Jenny는 이전에 바닷가재를 먹은 적이 전혀 없습니다.

3. He **has waited** for you *for a long time*.
   그는 오랫동안 당신을 기다렸습니다.

4. *Since* 1979 great changes **have taken** place in my hometown.
   1979년 이후 나의 고향에서 커다란 변화들이 일어났습니다.

5. *By 2006* our city **had built** more than thirty public libraries.
   2006년까지 우리의 시는 30개 이상의 공공도서관을 지었습니다.

Point 5 — 기간: HAVE + BEEN + 과거분사의 올바른 용법

1. ERROR EXAMPLE

WRONG: Many books have written about success, but one of the best is How to Win Friends and Influence People by Dale Carnegie.

RIGHT: Many books **have been written** about success, but one of the best is How to Win Friends and Influence People by Dale Carnegie.

많은 책들이 성공에 관하여 쓰였지만, 가장 최고는 Dale Carnegie의 How to Win Friends and Influence People입니다.

2. GRAMMAR POINT

★ HAVE + been + 과거분사는 최근 완료된 행동이 오랜 시간에 걸쳐 있을 때 사용함. 행위자는 알려져 있지 않거나 중요하지 않고 수동태가 사용되어야 함.

Jenny Jones **has been accepted** to Harvard Law School.
Jenny Jones는 Harvard 법대에 입학이 허가되었습니다.

It **has been reported** that most of the American millionaires are unhappy about their lifestyle.
미국의 백만장자들 대부분은 그들의 생활양식에 대해 불행하다고 보고되었습니다.

In just over ten years, more than a hundred skyscrapers have been built in the coastal City of Dalian.
단지 10년 안에, 100개 이상의 마천루들이 해안 도시 Dalian에 건설되었습니다.

※ 위의 예문들에서, 완료된 행동들은 상당 시간에 걸쳐 있고 그 행동을 한 사람들을 모름. 따라서 반드시, **HAVE** + **been** + 과거분사인 수동형을 사용해야만 함.

WRONG: A new skytrain station has constructed in Lougheed Mall.

RIGHT: A new skytrain station **has been constructed** in Lougheed Mall.
새로운 공중열차 역이 Lougheed Mall에 건설되었습니다.
※ 누가 지었는지가 중요한 것이 아니고 **skytrain station**이 중요.

WRONG: The sick have been cured, the lost have been found, and the dead have revived.

RIGHT: The sick have been cured, the lost have been found, and the dead **have been revived**.
병든 사람들은 나았고, 잃어버린 사람들은 발견되었고, 죽은 사람들은 소생되었습니다.
※ 이 문장에서는 **revive**를 한 사람이 아니라 **the dead**가 중요

3. PRACTICE TEST

Test 1. SENTENCE COMPLETION: Choose the CORRECT answer.

1. "We _____ away by these games but we have not been intimidated," he said.

   A. have blown   B. have been blown

2. For it might _____ for more than three hundred pence, and have been given to the poor. And they murmured against her.

   A. have been sold   B. have sold

3. Many useful compilations _____ of these various chemical compounds that have been studied, and of their practical applications.

   A. has made   B. have been made

4. Officials say four militants have been killed in the fighting so far while two troops and a special police officer have also _____.

   A. been killed   B. killed

5. The meeting is not over until the minutes _____ (within two working days) and all action items have been accomplished.

   A. have been distributed   B. have distributed

Test 2. SENTENCE CORRECTION: Choose the INCORRECT word or phrase and CORRECT It.

1. The party has planned for two weeks.

2. Your typewriter been fixed and you can pick it up any time.

3. Wayne has elected to the student government.

4. We been taught how to cook.

5. The class been changed to room 10.

ANSWER KEY

Test 1

1. B "우리는 이 시합들로 패배하기는 했지만 우리는 겁을 먹지는 않았습니다."라고 그는 말했습니다.
   - ※ be blown away 깜짝 놀라다, 떨어져 날라가다, 패배하다
   - ※ intimidate 겁을 주다, 위협하다

2. A 아마도 그것이 300 펜스 이상으로 팔렸을지도 모르고, 또 가난한 사람들에게 주어졌을지도 모르니까. 그리고 그들은 그녀에 대해 투덜댔습니다.

3. B 연구되었던 이 다양한 화학 합성물들과, 그리고 그것들의 실질적인 응용들로 많은 유용한 편집들이 만들어졌습니다.

4. A 관리들은 지금까지 전투에서 4명의 민병대가 사망했고 두 명의 군인과 한 명의 특수 경찰 또한 사망했다고 말합니다.
   - ※ militant (명) 민병대원 (형) 전투적인, 호전적인

5. A 회의는 (2 업무일 이내에) 회의록이 배부되고 모든 조치 사항들이 완료되기 전까지 그 회의는 끝난 것이 아닙니다.
   - ※ minutes 회의록
   - ※ action item 조치 항목, 행동 사항

Test 2

1. **The party has been planned for two weeks.**
   그 파티는 2주간 동안 계획되었습니다.
   ※ 파티를 계획한 사람이 중요한 것이 아니라 파티가 중요함.

2. **Your typewriter has been fixed and you can pick it up any time.**
   당신의 타자기는 수리되었고 당신은 언제라도 가져갈 수 있습니다.
   ※ 고친 사람이 중요한 것이 아니라 타자기가 중요함.

3. **Wayne has been elected to the student government.**
   Wayne은 학생회에 선출되었습니다.
   ※ 중요한 것은 Wayne이지 그를 선출한 사람들이 아님.

4. **We have been taught how to cook.**
   우리는 요리하는 방법을 가르쳐졌습니다.
   ※ 중요한 것은 우리, 우리를 가르친 사람들이 아님.

5. **The class has been changed to room 10.**
   그 과정은 10번 방으로 변경되었습니다.
   ※ 중요한 것은 class임, 그것을 변경한 사람이 아님.

Part I   45 Grammar Points

Point 6 — 예상: WILL HAVE + 과거분사

1. ERROR EXAMPLE

WRONG: By year 2015, researchers will discover a cure for cancer.

RIGHT: By year 2015, researchers **will have discovered** a cure for cancer.
2015년까지는, 연구자들이 암 치료법을 발견했을 것입니다.

2. GRAMMAR POINT

★ 미래 완료 시제 (WILL HAVE + 과거 완료) + 미래를 표현하는 부사는 미래의 행동이나 사건을 예상

By the middle of the twenty-first century, the computer **will have become** a necessity in every home in the developing countries.
21세기 중반까지는, 컴퓨터가 개발도상국 모든 가정에서 필수품이 되어있을 것입니다.

※ by the middle of the twenty-first century는 동사가 미래 완료 시제 will have become이 되어야 한다는 것을 지시함.

It is believed that by 2018 immunotherapy **will have succeeded** in curing number of serious illnesses.
2018년까지는 면역요법이 여러 중병들을 치료하는 데 성공했을 것입니다.

※ by 2018이 동사가 미래 완료 시제 will have succeeded가 되어야 한다는 것을 지시함.

※ immunotherapy 면역요법

WRONG: I believe that I will get my doctoral degree from Harvard University by the end of 2019.

RIGHT: I believe that I **will have got** my doctoral degree from Harvard University by the end of 2019.
2019년 말까지는 Harvard대에서 박사학위를 받았을 것이라고 나는 믿습니다.

WRONG: They will arrive in Boston by this time tomorrow if the weather is nice.

RIGHT: They will **have arrived** in Boston by this time tomorrow if the weather is nice.
만약 날씨가 좋다면 그들은 내일 이 시간까지는 Boston에 도착해 있을 것입니다.

3. PRACTICE TEST

Test 1. SENTENCE COMPLETION: Choose the CORRECT answer.

1. Workers _____ the new roads by the end of this year. By the end of next year, they will have finished work on the new stadium.

   A. will have completed   B. will complete

2. If everything goes well, we _____ fifty cars by the end of the day.

   A. have been sold   B. will have sold

3. But American consumers _____ by being denied cheap products and China will almost certainly have retaliated.

   A. will have suffered   B. will suffer

4. The students _____ their exams by six thirty.

   A. will have finished   B. will finish

5. Indeed, the US's working age population _____ by about 30 per cent, whereas China's will have dropped 3 per cent.

   A. will grow   B. will have grown

Test 2. SENTENCE CORRECTION: Choose the INCORRECT word or phrase and CORRECT it.

1. You will finished your homework by the time the movie starts.

2. Jane will left by five o'clock.

3. Before school is out, I have returned all of my library books.

4. We will get an answer to our letter by the time we have to make a decision.

5. Before we can tell them about the discount, they will bought the tickets.

ANSWER KEY

Test 1

1. A 작업자들은 올해 말까지는 새로운 도로를 완료했을 것입니다. 내년 말까지는, 그들은 새로운 경기장의 작업을 마쳤을 것입니다.

2. B 만약 모든 것이 잘 된다면, 오늘이 끝났을 때는 50대의 자동차를 팔았을 것입니다.

3. A 그러나 미국의 소비자들은 값싼 제품들이 허락되지 않아서 고통을 받을 것이고 중국은 거의 분명히 보복했을 것입니다.

4. A 학생들은 6시30분까지는 그들의 시험을 완료했을 것입니다.

5. B 정말로, 미국의 노동 연령 인구는 30퍼센트까지는 증가했을 것이지만, 중국은 3퍼센트 떨어져 있을 것입니다.

Test 2

1. You **will have finished** your homework by the time the movie starts.
   당신은 영화가 시작될 시간까지는 당신의 숙제를 마쳤을 것입니다.

2. Jane **will have left** by five o'clock.
   Jane은 5시에는 떠났을 것입니다.

3. Before school is out, I will **have returned** all of my library books.
   방학하기 전까지는, 나는 나의 도서관 책 전부를 반납했을 것입니다.

4. We will **have got** an answer to our letter by the time we have to make a decision.
우리가 어떤 결정을 내리기 전까지는 우리의 편지에 대한 답변을 받았을 것입니다.

5. Before we can tell them about the discount, they **will have bought** the tickets.
우리가 그들에게 할인에 대해서 말할 수 있기 전에, 그들은 표들을 샀을 것입니다.

WILL과 WOULD에서 올바른 시제 용법

1. ERROR EXAMPLE

WRONG: He told me that he thought he will get the job in spite of his lack of education.

RIGHT: He **told** me that he thought he **would** get the job in spite of his lack of education.
그는 그의 교육 부족에도 불구하고 직업을 얻을 것이라고 생각한다고 나에게 말했습니다.

2. GRAMMAR POINT

★ 미래에 할 것으로 계획한 어떤 일에 대해 말할 때는 현재 미래 시제 **WILL + do** something을 사용.

I **think** that I **will** leave for Los Angeles tomorrow.
나는 내일 Los Angeles로 떠날 거라고 생각합니다.

Jake **doubts** that he **will** have time to finish the project.
Jake는 그가 프로젝트를 끝낼 시간이 있을 것인가 의문을 갖습니다.

It **is** certain that he **will** graduate from Stanford University on time.
그가 제때에 Stanford 대학을 졸업할 것은 확실합니다.

WRONG: I know that he would arrive soon.

RIGHT: I **know** that he **will** arrive soon.
나는 그가 곧 도착할 것으로 압니다.

★ 과거에 하려고 계획했던 어떤 일에 대해 말할 때는 과거 미래 시제 **WOULD + do** something을 사용.

The police officer **indicated** that he **would** write a ticket if he had the time.
경관은 만약 그가 시간이 있었다면 티켓을 끊을 것이라고 내비쳤습니다.

The executive vice president **emphasized** at the meeting that the board **would** not change its position.
전무는 회의에서 이사진은 입장을 바꾸지 않을 것이라고 강조했습니다.

The girl **indicated** that she **would** give me a ride home.
그 소녀는 나를 집에 태워 줄 것이라고 내비쳤습니다.

WRONG: Michael said that he will come to my birthday party.

RIGHT: Michael **said** that he **would** come to my birthday party.
Michael은 그가 내 생일 파티에 올 것이라고 말했습니다.

3. PRACTICE TEST

Test 1. SENTENCE COMPLETION: Choose the CORRECT answer.

1. Mr. Smith said it _____ be impractical to police the length of girls' skirts and said a blanket ban would be easier for staff to enforce.

   A. will   B. would

2. Jennifer indicated that she _____ take the job.

   A. would   B. will

3. And all this beautiful silk, she _____, would be used to weave colorful clouds in heaven.

   A. says   B. said

4. In an interview in January this year, Jackson outlined a retooled strategy that he _____ rejuvenate growth.

   A. says will   B. said would

5. They promised that they _____ to pay us on time.

   A. will come   B. would come

Test 2. SENTENCE CORRECTION: Choose the INCORRECT word or phrase and CORRECT it.

1. I think I would be happy to see my brother coming back for Christmas.

2. My teacher said I will be a very good English teacher after graduation.

3. Michael agreed that he is going to help me with my mathematics.

4. The weatherman said that it will get very cold in the next few days.

5. If everything goes all right, he would come to Joyce's birthday party.

ANSWER KEY

Test 1

1. **B** Smith씨는 소녀들의 치마 길이를 감시하는 것은 비현실적일 것이며 전면 금지가 직원들이 시행을 하기가 더 쉬울 것이라고 말했습니다.
   - ※ police 치안을 유지하다, 감시하다
   - ※ impractical 터무니없는, 비현실적인
   - ※ blanket 전반적인, 전면적인

2. **A** Jennifer는 그녀가 그 일을 받을 것이라고 내비쳤습니다.

3. **B** 그리고 이 아름다운 비단 모두는 하늘에 색색의 구름들을 짜는데 사용될 것입니다라고 그녀는 말했습니다.

4. **B** 올해 1월의 인터뷰에서, Jackson은 성장이 활기를 되찾게 할 것이라고 그가 말한 개편된 전략을 요약하였습니다.
   - ※ rejuvenate 다시 젊어 보이게 하다, 활기를 되찾게 하다
   - ※ retool 개편하다, 기계를 교체하다

5. **B** 그들은 제 시간에 우리에게 갚으러 올 것이라고 약속했습니다.

Test 2

1. I think **I will** be happy to see my brother coming back for Christmas.
   나는 나의 형이 크리스마스를 지내러 돌아오는 것을 보면 행복할 것이라고 생각합니다.

2. My teacher **said** that I **would** be a very good English teacher after graduation.
   나의 선생님은 내가 졸업 후에 좋은 영어 선생님이 될 것이라고 말했습니다.

3. Michael **agreed** that he **would** help me with my mathematics.
   Michael은 나의 수학을 도와 줄 것이라고 동의했습니다.

4. The weatherman **said** that it **would** get very cold in the next few days.
   일기예보관은 다음 며칠은 아주 추울 것이라고 말했습니다.

5. If everything **goes** all right, he **will** come to Joyce's birthday.
   만일 모든 일이 잘 된다면, 그는 Joyce의 생일에 올 것입니다.

Point 8 — HAD HOPED 다음에 오는 동사의 올바른 시제

1. ERROR EXAMPLE

WRONG: President Wilson had hoped that World War I be the last great war, but only two decades later, the Second World War was erupting.

RIGHT: President Wilson **had hoped** that World War I **would be** the last great war, but only two decades later, the Second World War was erupting.

Wilson대통령은 제1차 세계대전이 마지막 거대 전쟁이기를 희망했지만, 불과 20년 후에, 제2차 세계대전이 터지고 있었습니다.

2. GRAMMAR POINT

★ HAD HOPED는 과거의 채워지지 않은 욕구들이나 이루어지지 않은 희망들을 표현함. **HAD HOPED** 다음에는 **WOULD(COULD)** + **동사의 목적절**이 와야 함.

Although research scientists **had hoped** that the new drug interferon **would prove** to be a cure for cancer, its applications now appear to be more limited.

연구과학자들은 신약 인터페론이 암 치료제로 판명되기를 희망하였음에도 불구하고, 그것의 응용은 더 제한적인 것으로 지금 나타납니다.

We **had hoped** that Mary **would change** her mind.
우리는 Mary가 그녀의 마음을 바꾸었으면 하고 희망했었습니다.

People **had hoped** that the government **would charge** less tax on consumer goods.
정부가 소비자들에 더 적은 세금을 부과했으면 하고 사람들은 희망했었습니다.

WRONG: Hostility to nuclear power had been reversed in Sweden and many in the industry had hoped that it will be reversed in Germany as well.

RIGHT: Hostility to nuclear power had been reversed in Sweden and many in the industry **had hoped** that it **could be** reversed in Germany as well.
스웨덴에서 원자력에 대한 적대감은 역전되었고 그 업계의 많은 사람들은 그것이 독일에서도 역전될 수 있기를 희망하였습니다.

> **REMEMBER:** HAD HOPED 다음에는 반드시 WOULD(COULD) + 동사의 목적절

3. PRACTICE TEST

Test 1. SENTENCE COMPLETION: Choose the CORRECT answer.

1. Mr. Johnson had hoped that he _____ be able to give us a raise this year.

   A. will   B. would

2. Jennifer had hoped that she _____ marry her high school classmate, Jack Landon.

   A. would   B. will

3. We had hoped that she _____ change her mind.

   A. will   B. would

4. The board members had hoped that the employees _____ give in to their decisions.

   A. will   B. would

5. The children had hoped that they _____ get a lot of gifts from their rich parents at Christmas.

   A. would   B. will

Test 2. SENTENCE CORRECTION: Choose the INCORRECT word or phrase and CORRECT it.

1. He had hoped that he graduate this semester, but he couldn't finish his thesis in time.

2. We had hoped him staying longer.

3. They had hoped that she not find out about it.

4. I had hoped she coming to the party.

5. Tom's father had hoped that he go into business with him after he graduates from Harvard University.

ANSWER KEY

Test 1

1. B   Johnson씨는 그가 올해 우리들에게 임금을 올려 줄 것이라고 희망했었습니다.
2. A   Jennifer는 그녀의 고등학교 급우, Jack Landon과 그녀가 결혼할 것으로 희망했었습니다.
3. B   우리는 그녀가 그녀의 마음을 바꿀 것으로 희망했었습니다.
4. B   이사회의 구성원들은 종업원들이 그들의 결정들에 굴복할 것으로 희망했었습니다.
5. A   아이들은 크리스마스에 그들의 부자 부모들로부터 많은 선물을 받기를 희망했습니다.

Test 2

1. He had hoped that he would graduate this semester but he couldn't finish his thesis in time.
   그는 이번 학기에 졸업하기를 희망했었지만 그의 논문을 제 시간에 끝낼 수 없었습니다.
   ※ thesis 학위논문

2. We had hoped that he would stay longer.
   우리는 그가 더 길게 머물렀으면 하고 희망했었습니다.

3. They had hoped that she would not find out about it.
   그들은 그녀가 그것에 대해 발견하지 않았으면 하고 희망했었습니다.

4. I had hoped that she would come to the party.
   나는 그녀가 파티에 올 것으로 희망했었습니다.

5. Tom's father had hoped that he would go into business with him after he graduates from Harvard University.
   Tom의 아버지는 그가 Harvard 대학을 졸업한 후에 그와 함께 그의 사업을 할 것으로 희망했었습니다.

오늘 당장 토익 보시나요?

Chapter 2 명사절

Point 9 — 명사절

1. ERROR EXAMPLE

WRONG: He refused to enter a plea could not be determined by the lawyer.

RIGHT: **Why he refused to enter a plea** could not be determined by the lawyer.
그가 왜 유무죄 항변을 거절했는지는 변호사에 의해 밝혀질 수 없었습니다.

2. GRAMMAR POINT

★ 명사절(Noun Clause)은 명사의 역할을 하는 절임. **명사절**은 명사이기 때문에, 문장 내에서, **동사의 목적어**, **전치사의 목적어**, **문장의 주어**로 사용됨.

When the contract will be awarded is the question to be answered.
　　　　주어로서의 명사절

언제 계약자가 발표될 것인지는 아직 답변이 필요한 질문입니다.
※ award the contract 계약을 주다

He always talked with **whomever he liked**.
　　　　　　　　　목적어로서의 명사절

그는 그가 좋아했던 누구와도 언제나 이야기했습니다.
※ he는 liked의 주어. 명사절 whomever he liked는 전치사 with의 목적어

★ 자기 자신의 주어와 동사를 가지고 있는 명사절은, 내포된 평서문 또는 내포된 의문문이 될 수 있음.

> ① THAT으로 시작하는 내포 평서문

***That* the professor has finished grading papers** is certain.
교수가 시험지들의 등급을 매쳤다는 것이 분명합니다.

I know *that* **he is a famous professor from the University of Rochester**.
그가 Rochester 대학에서 온 유명한 교수라는 것을 나는 압니다.

> ② WH- 단어들로 시작되는 내포 의문문

***Why* the condition of that patient deteriorated so rapidly** was not explained.
왜 그 환자의 상태가 그렇게 갑자기 악화되었는지는 설명되지 않았습니다.

***Whether* or not the new office would be built** was to be determined at the meeting.
새로운 사무실이 건설될 것인지 아닌지는 회의에서 결정될 것이었습니다.

★ 영어의 문장은 하나 이상의 절(Clause)을 가질 수 있는데, 절들을 연결하는 단어를 CLAUSE CONNECTOR라 함.

★ 가장 많이 사용되는 명사절 connector들: *what, when, where, why, how, whatever, wherever, whether, if, that.*

★ 명사절 connector들의 올바른 용법

---
① WHAT / WHATEVER

What you have just said is absolutely right.
당신이 방금 말한 것은 절대로 맞습니다.

Whatever you do is none of my business.
당신이 무엇을 하든지 내가 상관할 바가 아닙니다.

---
② WHEN

When you want to come to work is up to you.
당신이 언제 돌아오기를 원하는 지는 당신에게 달려있습니다.

I don't know **when she will leave for New York**.
그녀가 언제 New York으로 떠날 것인지 나는 모릅니다.

---
③ WHY

Nobody knows **why Joyce resigned from such a high paying job**.
왜 Joyce가 그렇게 급여가 높은 직업을 그만두었는지는 아무도 모릅니다.

Why they want to study in a foreign country is something we do not know.

왜 그들이 외국에서 공부하기를 원하는지는 우리가 모르는 어떤 것입니다.

---

④ HOW

How he got accepted into Princeton University is still a mystery.

어떻게 그가 Princeton 대학에 입학했는지 아직도 미스터리입니다.

She doesn't know **how she can make a million dollars in a month**.

어떻게 그녀가 한 달에 백만 달러를 벌 수 있는지 그녀는 모릅니다.

---

⑤ WHERE / WHEREVER

When you are down, you really don't know **where you can go**.

당신이 다운일 때는, 당신이 어디로 갈 수 있는지를 당신은 정말로 모릅니다.

I will go **wherever I can find my dream job**.

나는 나의 꿈의 직업을 찾을 수 있는 어느 곳이라도 갈 것입니다.

---

⑥ WHETHER

I am not sure **whether I should accept this offer or not**.

나는 이 제안을 수락해야만 할지 말지 확실하지 않습니다.

Whether they will come to help us is still something unknown.
그들이 우리를 도우러 올지는 아직 알려지지 않은 어떤 것입니다.

---

⑦ IF

Mary didn't know if she had done something wrong to drive her boyfriend away.
Mary는 그녀의 남자 친구를 떠나게 할 어떤 잘못된 일을 했는지 안 했는지를 몰랐습니다.

We don't know if he will be a good President for the United States.
그가 미국을 위해 좋은 대통령이 될 것인지 아닌지를 우리는 모릅니다.

---

⑧ THAT

That he is a good father is known to all in the village.
그가 좋은 아버지라는 것은 마을 모두에게 알려져 있습니다.

We believe that he is the best candidate for the job.
그가 그 일에 최고의 후보자라는 것을 우리는 믿습니다.

3. PRACTICE TEST

Test 1. SENTENCE COMPLETION: Choose the CORRECT answer.

1. Pug did not know _____ was back in her good graces.

   A. he   B. why he

2. Jack was not sure _____ should take the vacation now.

   A. if he   B. he

3. He did not _____ he had first started to talk aloud when he was by himself.

   A. remember   B. remember when

4. Sam didn't know _____ have picked up all the right numbers for the Jackpot.

   A. he got to   B. how he got to

5. I did not know _____ my environment that was harming me, or whether I was harming myself.

   A. whether it was   B. it was

Test 2. SENTENCE CORRECTION: Choose the INCORRECT word or phrase and CORRECT it.

1. Thinking for many centuries that the world was flat.

2. To believe that smoking causes cancer.

3. That Mt. Everest is the highest peak in the world.

4. Do you know what time is the movie to begin?

5. Where do the aliens come from is a mystery.

ANSWER KEY

Test 1

1. **B** Pug는 그가 왜 다시 그녀의 마음에 들었는지 몰랐습니다.
   ※ in good graces of ~의 마음에 들어

2. **A** Jackson은 그가 지금 휴가를 받아야만 하는지 아닌지 확실하지 않았습니다.

3. **B** 그는 언제부터 그가 혼자 있을 때 크게 이야기를 하기 시작했는지를 기억하지 못했습니다.

4. **B** Sam은 그가 어떻게 잭팟이 나오는 숫자들 모두를 고르게 되었는지를 몰랐습니다.

5. **A** 나는 나에게 해를 끼치고 있는 것이 나의 환경인지, 아니면, 내가 나 자신에게 화를 끼치고 있는 것인지 몰랐습니다.

Test 2

1. It was thought for many centuries that the world was flat.
   많은 세기 동안 지구는 평평하다고 생각되었습니다.

2. It is believed that smoking causes cancer.
   흡연은 암을 유발한다고 믿어지고 있습니다.

3. That Mt. Everest is the highest peak in the world is known to all.
   에베레스트 산이 세계 최고봉이다라는 것이 모두에게 알려져 있습니다.

4. Do you know what time the movie is to begin?
   영화가 언제 시작하는지 당신은 압니까?

5. Where the aliens come from is a mystery.
   외계인들이 어디에서 오는지는 미스테리입니다.

Point 10: 명사절 Connector 겸 주어의 올바른 용법

1. ERROR EXAMPLE

WRONG: There was a law in the city of Athens which gave to its citizens the power of compelling their daughters to marry whoever they pleased.

RIGHT: There was a law in the city of Athens which gave to its citizens the power of compelling their daughters to marry **whomever** they pleased.

아테네 도시에는 시민들에게 자기가 마음에 드는 누구에게라도 자기들의 딸들이 결혼을 하도록 강요할 수 있는 권한을 준 법이 있었습니다.

2. GRAMMAR POINT

★ 명사절 connector는 주어 명사절을 유도하는데 사용. 경우에 따라, 명사절 connector는 단지 connector로서 뿐만이 아니라, 동시에 그 **절의 주어**가 될 수 있음.

Whoever wants to take the desert tour must sign up at the office.

사막 여행을 원하는 사람은 누구라도 사무실에서 서명을 해야만 합니다.

※ whoever는 문장의 주어인 명사절의 주어

You should find out **which is the best physics department**.

당신은 어디가 최고의 물리학과인지 찾아야만 합니다.

※ which는 문장의 목적어인 명사절의 주어

We are concerned about **who will do the work**.
우리는 누가 그 일을 할 것인가에 대해 걱정하고 있습니다.

WRONG: We don't know whom will really come to save the poor people in today's society.

RIGHT: We don't know **who will really come to save the poor people in today's society**.
오늘날 사회의 가난한 사람들을 구하러 누가 정말로 올 것인지 우리는 모릅니다.

※ who는 문장의 목적어인 명사절의 주어

★ 자주 사용되는 명사절 connector 겸 주어

who, what, which, whoever, whatever, whichever

> ① 주격 대명사 *Who, whoever*

Whoever comes early can claim the first prize.
누구라도 일찍 오는 사람은 1등상을 요구할 수 있습니다.

Our scholarship is given to those poor students **who need** it the most.
우리의 장학금은 그것을 가장 필요로 하는 그 가난한 학생들에게 수여됩니다.

We know **who broke** the window and stole our computers.
우리는 누가 창문을 깨고 우리의 컴퓨터를 훔쳤는지 압니다.

WRONG: You can give this used computer to **whomever** wants it.

RIGHT: You can give this used computer to **whoever** wants it.
당신은 이 중고 컴퓨터를 원하는 누구에게라도 줄 수 있습니다.

② 주격 대명사 *What, whatever, which, whichever*

What (whatever) has been stolen in the office is totally up to the police to find out.
사무실에서 도둑맞은 것을 (어떤 것이라도) 찾는 것은 전부 경찰에게 달려있습니다.

Children should be taught **what (whatever) is moral** early in life.
아이들은 도덕적인 것은 (어떤 것이라도) 인생의 초기에 가르쳐져야만 합니다.

Which (whichever) is right is something that you can decide.
어떤 것이 (어떤 것이라도) 옳은 것인지는 당신이 결정할 수 있는 어떤 것입니다.

WRONG: Whichever interests me most are psychologies, backgrounds, and spotting winners.

RIGHT: **What interests** me most are psychologies, backgrounds, and spotting winners.
나의 흥미를 가장 많이 끄는 것은 심리학들, 배경들, 그리고 승자들을 찾아내는 것입니다.

3. PRACTICE TEST

Test 1. SENTENCE COMPLETION: Choose the CORRECT answer.

1. _____ you say about her is just your personal opinion.
   A. Which
   B. What

2. _____ we should all trust is really hard to say.
   A. Whom
   B. Who

3. _____ is right is up to the judges to decide.
   A. Whom
   B. Which

4. Nobody knows _____ did this horrible thing to her.
   A. who
   B. whom

5. Stay up to date with the news to see which airports are open and _____ are closed.
   A. what
   B. which

Test 2. SENTENCE CORRECTION: Choose the INCORRECT word or phrase and CORRECT it.

1. I will grab whatever it comes in my way.

2. Whomever has just got out of the window is unknown.

3. The committee will award the prize to whomever is the best

4. It was hard for us to decide what was the right direction at the crossroads.

5. Dan is whom we believe can help us to design our website.

ANSWER KEY

Test 1

1. B 당신이 그녀에 관해 말하는 것은 당신의 개인적 의견에 불과합니다.

2. A 우리 모두가 누구를 신뢰해야만 하는 지는 정말로 말하기 힘듭니다.

3. B 무엇이 옳은 것인지는 재판관들이 결정하는 것에 달려 있습니다.

4. A 누가 그녀에게 이 끔찍한 일을 했는지 아무도 모릅니다.

5. B 새로운 뉴스를 계속 파악해서 어떤 공항들이 개방됐고 어떤 공항들이 폐쇄됐는지를 알도록 하십시오.

※ stay up to date with ~에 관한 최신 소식을 갖고 있다

Test 2

1. I will grab **whatever comes in my way**.
나는 내 쪽으로 오는 어느 것이라도 붙잡을 것입니다.

2. Whoever has just got out of the window is unknown.
누가 방금 창문 밖으로 나왔는지는 모릅니다.

3. The committee will award the prize to **whoever is the best**.
위원회는 누구든 최고에게 상을 수여할 것입니다.

4. It was hard for us to decide **which was the right direction at the crossroads**.
교차로에서 어느 것이 옳은 방향이었는지를 결정하는 것은 우리에게 힘들었습니다.

5. Dan is **who** we believe **can help us to design our website**.
Dan은 우리의 웹사이트 설계에 우리를 도울 수 있을 것으로 우리가 믿는 사람입니다.

Point 11 — 명사절 Connector 겸 목적어의 올바른 용법

1. ERROR EXAMPLE

WRONG: The employee was unhappy about what it was added to his job description.

RIGHT: The employee was unhappy about **what was added** to his job description.

그 직원은 그의 직무 명세에 추가된 것에 대해 기분이 나빴습니다.

※ job description 직무 기술서, 직무 범위

2. GRAMMAR POINT

★ 명사절 connector는 **목적어 명사절을 유도**하는 것으로도 사용할 수 있는데, 명사절 connector는 단지 connector로서만이 아니라, 동시에 **그 절의 목적어로도 사용**될 수 있음.

You should not buy *whatever* your girlfriend wants you to *buy*.

당신은 당신의 여자 친구가 당신이 사기를 바라는 것 어떤 것이라도 다 사서는 안 됩니다.

※ whatever는 문장의 목적어로 사용되는 명사절의 목적어

I don't know *whom* you should trust in today's world.

오늘날의 세계에서 당신은 누구를 신뢰해야만 되는지를 나는 모릅니다.

※ whom은 문장의 목적어로 사용되고 있는 명사절의 목적어

WRONG: That you choose is totally up to you to decide.

RIGHT: ***Whichever you choose*** is totally up to you to decide.
무엇을 당신이 선택하든지 결정은 전적으로 당신에게 달려있습니다.

※ whichever는 문장의 목적어로 사용되는 명사절의 목적어

★ 자주 사용되는 명사절 Connector 겸 목적어
whom, whomever, what, which, whatever, whichever

> ① 목적격 대명사 *whom, whomever*

You can give this book to ***whom you like***.
당신은 이 책을 당신이 좋아하는 누구에게라도 줄 수 있습니다.

People tend to blame ***whomever they can find***, but never themselves for their own mistakes.
사람들은 자기들이 찾아낼 수 있는 누구라도 비난하지만, 자기 자신들의 실수들에 대해서는 결코 하려 하지 않습니다.

WRONG: Whoever you donate this million dollars to is absolutely none of our business.

RIGHT: ***Whomever** you **donate** this million dollars **to*** is absolutely none of our business.
어느 누구에게 당신이 이 백만 달러를 기부하는 지는 우리들이 전혀 상관할 바가 아닙니다.

② 목적격 대명사 *What, whatever, which, whichever*

You should find out ***what* you really *want* in life**.
당신은 당신이 정말로 평생에 원하는 것이 무엇인지를 찾아내야만 합니다.

Whatever* we *do should contribute the benefits of the people.
우리가 무엇을 하든 간에 사람들의 이익에 공헌해야만 합니다.

WRONG: The voters should elect whom of the candidates they like best as their district representative.
RIGHT: The voters should elect ***whichever* of the candidates they *like* best as their district representative**.
유권자들은 후보자들 중 누구라도 지역의 대의원으로 그들이 가장 좋아하는 사람을 선택해야만 합니다.

3. PRACTICE TEST

Test 1. SENTENCE COMPLETION: Choose the CORRECT answer.

1. This is a buffet restaurant. You can eat _____ you like.

   A. whatever   B. which

2. No one knows _____ is the right direction in times of difficulty.

   A. what   B. which

3. _____ wins the competition will get a million dollars.

   A. Whomever   B. Whoever

4. We are not sure _____ is responsible for this disaster.

   A. who   B. whom

5. I cannot say with certainty which of my motives are the strongest, but I know _____ of them deserve to be followed.

   A. which   B. whichever

Test 2. SENTENCE CORRECTION: Choose the INCORRECT word or phrase and CORRECT it.

1. You can give this used computer to who you like.

2. I know about which you did last summer.

3. We are concerned about whom will be elected as our next president.

4. Whoever you love and whatever you do will not affect my life.

5. He was a lucky person and always got whichever he wanted in life.

ANSWER KEY

Test 1

1. A 이곳은 뷔페 식당입니다. 당신이 좋아하는 것은 어떤 것이라도 먹을 수 있습니다.
2. B 어려운 시기에는 어떤 것이 정확한 방향인지 누구도 모릅니다.
3. B 경기에서 우승하는 누구라도 백만 달러를 얻을 것입니다.
4. A 누가 이 참사에 대해 책임이 있는 지 우리는 확실하지 않습니다.
5. A 나는 나의 동기들 중에 어느 것이 가장 강한 것인지는 분명하게 말할 수 없습니다만, 그들 중 어느 것이 따를 만한 자격이 있는 것인지는 압니다.

Test 2

1. You can give this used computer to ***whomever* you *like***.
   당신은 이 중고 컴퓨터를 당신이 좋아하는 누구에게라도 줄 수 있습니다.

2. I know ***what* you *did* last summer**.
   나는 당신이 지난 여름에 무엇을 했는지 압니다.

3. We are concerned about ***who will be elected*** as our next president.
   우리는 우리의 다음 대통령으로 누가 당선될 것인지 걱정입니다.

4. ***Whomever* you *love* and whatever you *do*** will not affect my life.
   당신이 어느 누구를 사랑하고 무엇을 하더라도 나의 인생에는 영향을 주지 않을 것입니다.

5. He was a lucky person and always got ***whateve*r he *wanted* in life**.
   그는 운이 좋은 사람이었고 일생에서 언제나 그가 원하는 것은 어느 것이나 얻었습니다.

Part I 45 Grammar Points

Chapter 3   형용사절

Point 12 형용사절

1. ERROR EXAMPLE

WRONG: It could have been a simple mistake or misunderstanding, he surely wouldn't have been discharged.

RIGHT: It could have been a simple mistake or misunderstanding, **for which** he surely wouldn't have been discharged.

<small>그것은 단순한 실수나 오해일 수 있었을 것이며, 그리고 그 이유로는 그는 분명히 석방되지 않았을 것입니다.</small>

2. GRAMMAR POINT

★ 형용사절 또는 관계사절은 두 개의 문장을 하나의 문장으로 합치는 방법의 하나임.

★ 합쳐진 문장에서, **형용사절은 주절의 명사나 대명사를 수식**

★ 형용사절은 **관계 대명사**(who, whom, whose, that, which) 또는 **관계부사**(when, where)에 의해 유도됨.

★ 형용사절을 이끄는 관계대명사들과 관계부사들은 **절 표식어**(Clause Marker)라고 부름.

① 절 표식어로 사용되는 관계 대명사: *who, whom, whose, that, which*

The melting point is the temperature **at which** a solid changes to a liquid.
녹는 점이란 고체가 액체로 변하는 온도입니다.
※ 관계대명사 which가 형용사절을 유도하고, which는 전치사 at의 목적어로 사용됨.

In life, it is not who you are but **whom** you are with.
인생에서는, 당신이 누구인가가 아니라 당신이 누구와 함께 있는가입니다.
※ 관계대명사 whom은 형용사절을 이끌고, 전치사 with의 목적어로 사용됨.

The new BMW **which** is selling for more than a hundred thousand dollars is one of the best in the world.
10만 달러 이상의 가격으로 팔리고 있는 신형 BMW는 세계 최고입니다.
※ 관계대명사 which는 형용사절을 이끌고, 이 형용사절의 주어로 사용됨.

The girl **whose** father is a billionaire is a Ph.D. candidate at the University of British Columbia.
아버지가 억만장자인 소녀는 British Columbia 대학의 박사학위 지원자입니다.
※ 관계대명사 whose(소유격)는 형용사절을 이끌고, whose는 관계사절의 주어인 father를 수식함.

WRONG: Those who live beyond the cell phone, those who have yet to see a computer, those that have no electricity at home are the ones we should care about.

RIGHT: Those who live beyond the cell phone, those who

have yet to see a computer, and those **who** have no electricity at home are the ones we should care about.

휴대 전화가 없이 사는 사람들, 아직 컴퓨터가 뭔지 모르는 사람들, 그리고 집에 전기가 들어오지 않는 사람들이 우리가 돌봐야만 하는 사람들입니다.

② 절 표식어로 사용되는 관계 부사: *when, where*

1986 was the year when I first visited New York City.
1986년은 내가 New York을 처음 방문한 해입니다.

During the time when there is hardly any work you can find in America, you might as well try your luck somewhere in Asia.
미국에서 찾을 수 있는 일이 거의 없는 동안에는, 아시아의 어떤 곳에서 당신의 운을 시험해 보는 것도 좋을 것입니다.

※ 위의 두 예문에서 관계부사 when은 형용사절을 이끌고, 형용사절에서 시간의 부사로 사용되고 있음.

That was the place where I had the best time of my life.
그곳은 내가 내 생애 최고의 시간을 보냈던 장소였습니다.

New York City, in my opinion, is the only place where our dreams can come true.
내 의견으로는, New York시가 우리들의 꿈이 실현될 수 있는 단 하나의 장소입니다.

※ 관계부사 where는 형용사절을 이끌고, 형용사절에서 장소의 부사로 사용되고 있음.

WRONG: Do not store up for yourselves treasures on earth, moth and rust destroy, and thieves break in and steal.

RIGHT: Do not store up for yourselves treasures on earth **where** moth and rust destroy, and thieves break in and steal.

나방과 녹이 파괴하고, 도둑이 부수고 들어와서 훔쳐가는 지상에 당신 자신들을 위한 보물들을 쌓아놓지 마세요.

3. PRACTICE TEST

Test 1. SENTENCE COMPLETION: Choose the CORRECT answer.

1. 2005 was the year _____ I came to the United States.
   A. when
   B. that

2. Paul can still remember _____ he first met Lisa.
   A. when
   B. where

3. Hoy is the professor _____ all the students love.
   A. whom
   B. who

4. This is the book _____ will change your life forever.
   A. who
   B. which

5. The project _____ Jack is responsible is going to be completed by the end of the year.
   A. which
   B. for which

Test 2. SENTENCE CORRECTION: Choose the INCORRECT word or phrase and CORRECT it.

1. He has five brothers who he loves with all his heart.

2. The little mountain village in western Washington is the place that the President was born.

3. The story that he has won the big lottery really unbelievable.

4. We established the charity foundation gave scholarships to qualified students.

5. The way how he got to Harvard Law School virtually known to nobody.

ANSWER KEY

Test 1

1. **A** 2005년은 내가 미국에 온 해였습니다.
2. **B** Paul은 그가 Lisa를 처음 만났던 장소를 아직도 기억할 수 있습니다.
3. **A** Hoy는 모든 학생들이 사랑하는 교수입니다.
4. **B** 이것은 당신의 생을 영원히 바꿀 책입니다.
5. **B** Jack이 책임을 지고 있는 프로젝트는 올해 말까지는 완료될 것입니다.

Test 2

1. He has five brothers whom he loves with all his heart.
   그는 그가 진심으로 사랑하는 다섯 형제가 있습니다.

2. The little mountain village in western Washington is the place where the President was born.
   서부 Washington의 작은 산골 마을이 대통령이 태어난 곳입니다.

3. The story that he has won the big lottery is really unbelievable.
   그가 큰 복권을 맞았다는 이야기는 정말로 믿을 수 없습니다.

4. We established the charity foundation which gave scholarships to qualified students.
   우리는 자격이 있는 학생들에게 장학금을 준 자선 재단을 설립하였습니다.

5. The way by which he got to Harvard Law School is virtualy known to nobody.
   그가 Harvard 법대에 간 방법은 사실상 누구에게도 알려지지 않았습니다.

Point 13 — 형용사절 표식어의 올바른 용법

1. ERROR EXAMPLE

WRONG: I just finished reading the novel **whom** the professor suggested for my book report.

RIGHT: I just finished reading the novel **which** the professor suggested for my book report.

나는 교수가 나의 도서 리포트를 위해 제안한 소설 읽기를 방금 마쳤습니다.

2. GRAMMAR POINT

★ 형용사절은 명사를 수식하기 위해 사용

★ 형용사절은 형용사의 기능을 하기 때문에, 수식하는 명사 바로 뒤에 위치함.

The glass **that** we put on the table contains orange juice.

우리가 테이블 위에 놓은 잔은 오렌지 주스를 담고 있습니다.

※ 관계대명사 that로 이끌린 관계사절은 glass를 수식.

Harvard University is the place **where** I had the best time of my life as an aspiring young scholar.

Harvard 대학은 내가 포부에 찬 젊은 학자로서 내 인생 최고의 시간을 보냈던 장소입니다.

※ 관계부사 where가 이끄는 관계사절은 place를 수식.

★ 형용사절 표식어: 형용사절을 이끄는 데 사용되는 연결 단어들

★ 형용사절 표식어의 두가지 형태
   관계대명사: *who, whom, whose, which, that*
   관계부사: *when, where*

★ 형용사절 표식어로 사용되는 관계 대명사들

> *who*: 형용사절의 주어(사람)로 사용됨.

Those students **who** get an 'A' on their term papers will receive a free Starbucks coupon.
학기말 리포트에 'A'를 맞는 학생들은 스타벅스 무료 쿠폰을 받을 것입니다.

A neurologist is a doctor **who** specializes in the nervous system.
신경과 의사는 신경체계를 전공하는 의사입니다.

> ***Whom***: 형용사절의 목적어(사람)으로 사용됨.

National heroes are those **whom** we should all learn from.
국가 영웅들은 우리가 그들로부터 배워야만 할 사람들입니다.

This is the man **whom** we just saw at the subway station.
이 사람은 우리가 방금 지하철역에서 봤던 남자입니다.

> ***Whose***: 형용사절의 명사(보통은 주어)의 소유격(사람/사물)으로 사용됨.

Jenny is the student whose father is the chairman of a large insurance company.
Jenny는 아버지가 큰 보험 회사의 회장인 학생입니다.

This is the computer genius whose invention changed our way of life.
이 사람은 그의 발명이 우리의 생활양식을 바꾼 컴퓨터 천재입니다.

> ***Which***: 형용사절의 주어/목적어(사물)에 사용됨.

This is the kind of books which interest me most.
이것은 나의 흥미를 가장 많이 끄는 종류의 책들입니다.

The melting point is the temperature at which a solid changes to a liquid.
녹는 점은 고체가 액체로 변화는 온도입니다.

> ***That***: 관계사절의 주어/목적어(사물)로 사용됨.

The famous painting that is on display will be auctioned for one million dollars.
전시되고 있고 유명한 그림은 백만 달러에 경매될 것입니다.

The Chinese vase **that** I bought in China last year had had a history of about a thousand years.
내가 작년에 중국에서 산 중국 꽃병은 약 천년의 역사를 가지고 있었습니다.

⭐ 절 표식어로 사용되는 관계 부사들

> ***Where***: 관계사절에서 장소의 부사로 사용됨.

This is the little hut **where** the Nobel Prize winner was born.
이곳은 노벨상 수상자가 태어난 작은 오두막입니다.

A university is a place **where** great minds meet.
대학이란 위대한 지성들이 만나는 장소입니다.

※ mind 지성이 뛰어난 사람, 지성인

> ***When***: 관계사절에서 시간의 부사로 사용됨.

Midnight is the usual time **when** famous writers begin to write.
자정은 통상 유명한 저술가들이 글쓰기를 시작하는 시간입니다.

The year **when** the Great Depression began was the worst time in American history.
대공황이 시작된 해는 미국 역사에서 최악의 시기였습니다.

3. PRACTICE TEST

Test 1. SENTENCE COMPLETION: Choose the CORRECT answer.

1. He _____ laughs last laughs best.

   A. who   B. whom

2. The girl _____ father is an engineer is our college flower.

   A. whose   B. who's

3. We visited the village _____ there were poor people begging for food and clothing.

   A. at which   B. where

4. The school library _____ was built last year is one of the best in the city.

   A. for which   B. which

5. We will go _____ we are needed and whenever we are needed.

   A. wherever   B. for which

Test 2. SENTENCE CORRECTION: Choose the INCORRECT word or phrase and CORRECT it.

1. Most folk songs are ballads what use simple words and tell simple stories.

2. In addition to being a naturalist, Stewart E. White was a writer his novels describe the struggle for survival on the American frontier.

3. A keystone species is a species of plants or animals its absence has a major effect on an ecological system.

4. The movie which we watched on cable last night it was really frightening.

5. William Samuel Johnson, helped write the Constitution, became the first president of Columbia College in 1787.

ANSWER KEY

Test 1

1. **A** 마지막에 웃는 사람이 가장 잘 웃는 사람이다.
2. **A** 자기 아버지가 엔지니어인 소녀는 우리 대학의 꽃입니다.
3. **B** 우리는 가난한 사람들이 먹을 것과 입을 것을 구걸하는 마을을 방문했습니다.
4. **B** 우리가 작년에 건설한 학교 도서관은 시에서 최고입니다.
5. **A** 우리는 우리가 필요한 곳이면 어느 곳이나 우리가 필요한 때면 언제나 갈 것입니다.

Test 2

1. Most folk songs are ballads **which** use simple words and tell simple stories.
   대부분의 민요들은 간단한 단어들을 사용하고 간단한 이야기들을 말하는 발라드들입니다.

2. In addition to being a naturalist, Stewart E. White was a writer **whose** novels describe the struggle for survival on the American frontier.
   박물학자인 것에 추가하여, Stewart E. White는 미국 변경에서의 생존을 위한 투쟁을 묘사하는 소설들의 작가였습니다.

3. A keystone species is a species of plants or animals **whose** absence has a major effect on an ecological system.
   핵심 종이란 그의 부재가 생태계에서 주요한 영향을 미치는 식물이나 동물입니다.
   ※ keystone species 핵심 종   ※ ecological system 생태계

4. The movie **that** we watched on cable last night was really frightening.
우리가 어제 밤 케이블로 시청한 영화는 정말로 무서웠습니다.

5. William Samuel Johnson, **who** helped write the Constitution, became the first president of Columbia College in 1787.
William Samuel Johnson은, 헌법을 작성을 하는 데 도움을 준 사람인데, 1787년 컬럼비아 대학의 첫 번째 총장이 되었습니다.

Point 14 · 불완전 형용사절

1. ERROR EXAMPLE

WRONG: There are six types of flamingos, all of them have long legs, long necks, and beaks that curve sharply downward.

RIGHT: There are six types of flamingos, all of **which** have long legs, long necks, and beaks that curve sharply downward.
플라밍고에는 6가지 종류가 있는데, 그들 모두는 긴 다리, 긴 목 그리고 아래로 날카롭게 굽은 부리를 가지고 있습니다.

2. GRAMMAR POINT

★ 형용사절은 두 개의 문장을 결합하기 위하여 사용하는 것임.

★ 결합된 문장에서, 형용사절은 그 문장의 다른 절의 명사를 수식함.

★ 형용사절은 *that, which, who, whom, whose, when, where* 같은 절 표식어(Clause marker)로 시작함.

The book *that* I wanted to borrow had been checked out.
내가 빌리기를 원했던 그 책은 대출되어 버렸었습니다.

※ 두 개의 문장 **The book had been checked out**과 **I wanted to borrow the book**이 형용사절 표식어 **that**로 결합되었음. 그리고 that는 형용사절 that I wanted to borrow에서 borrow의 목적어로 사용됨.

This is the topic **which interests me**.
이것은 나의 흥미를 끄는 주제입니다.

※ 두 개의 문장 **This is the topic**과 **The topic interests me**이 형용사절 표식어 which로 결합되었음. 그리고 which는 형용사절 which interests me의 주어로 사용되고 있음.

★ 형용사절을 올바르게 사용하기 위한 3가지 유의 사항

① 형용사절 표식어 which, that, whom이 관계사절의 목적어로 사용될 때는, 생략 가능

The new iPhone **Mary has just bought** is no better than the first edition. (which 가 생략됨)
Mary가 방금 구입한 새 아이폰은 첫 번째 판보다 더 좋지는 않습니다.

The famous Harvard professor **I wanted to see** left for Boston yesterday. (whom이 생략됨)
내가 보고 싶었던 그 유명한 Harvard의 교수는 어제 보스턴으로 떠났습니다.

② 형용사절 표식어 which와 whom을 전치사의 목적어로 사용할 수 있음

The melting point is the temperature *at which* a solid changes to a liquid.
녹는 점이란 고체가 액체로 변화하는 온도입니다.

These kinds of selfless heroes **whom** we should always look up to as our role models are very rare nowadays in our society.
우리의 롤 모델로서 우리가 항상 우러러 보아야만 하는 이런 종류의 사심 없는 영웅들은 오늘날 우리의 사회에서는 아주 드뭅니다.

> ③ 형용사절을 '수량의 단어 + of + 형용사절'의 문장 패턴으로
>   사용할 수 있음

There were fifty students in our graduation class, ***thirty-two of* whom** were accepted by the top ten universities in the United States.
우리의 졸업반에는 50명의 학생들이 있었는데, 그들 중 32명은 미국의 10대 대학에 입학했습니다.

I read a lot of books on wealth creation, only ***two of* which** taught me how to become as rich as I am today.
나는 자산 창출에 관한 많은 책들을 읽었는데, 그 중 둘 만이 오늘 날의 나처럼 부자가 되는 방법을 가르쳐주었습니다.

3. PRACTICE TEST

Test 1. SENTENCE COMPLETION: Choose the CORRECT answer.

1. The international students _____ are from Japan will hold a Japanese-American style Christmas party on Friday.
   A. half of who   B. half of whom

2. We shouldn't look down upon those _____ come from the third world countries because of their poor economic background.
   A. that   B. who

3. You are just the girl _____ sister I want to see.
   A. whose   B. for whose

4. The small village _____ I received my college education is now a big university town.
   A. for which   B. where

5. The women's movement _____ she played a leading role came to a tragic end because of the political sanction in her country.
   A. in which   B. for which

Test 2. SENTENCE CORRECTION: Choose the INCORRECT word or phrase and CORRECT it.

1. In geometry, a tangent is a straight line whose touching a curve at only one point.

2. It was the ragtime pianist Scott Joplin wrote the Maple Leaf Rag, perhaps the best known of all ragtime tunes.

3. Mary met with two graduate advisors, both of who she had known for years.

4. I think this is the topic which I will write my M.A. thesis.

5. Carlson is the only man that everybody can count on in times of difficulties.

ANSWER KEY

Test 1

1. **B** 그들 중 절반은 일본에서 온 국제 학생들이 금요일에 일본식 미국식이 혼합된 스타일의 크리스마스 파티를 열 것입니다.

2. **B** 그들의 가난한 경제적 배경 때문에 제3세계 국가들에서 온 사람들을 깔보아서는 안 됩니다.

3. **A** 당신이 내가 동생을 보고 싶은 바로 그 소녀입니다.

4. **B** 내가 대학 교육을 받은 작은 마을이 지금은 커다란 대학 도시입니다.

5. **A** 그녀가 주도적인 역할을 한 여성 운동은 그녀의 나라에서의 정치적 제재 때문에 비극적 종말을 맞았습니다.

   ※ women's movement 여성 운동
   ※ sanction 제재

Test 2

1. In geometry, a tangent is a straight line **that touches** a curve at only one point.
   기하학에서, 탄젠트는 오직 한 점에서만 곡선에 접하는 직선입니다.
   ※ tangent 접선

2. It was the ragtime pianist Scott Joplin **who** wrote the Maple Leaf Rag, perhaps the best known of all ragtime tunes.
   래그타임 곡들 중에서 아마도 가장 유명한 Maple Leaf Rag를 작곡한 래그타임 피아노 연주자 Scott Joplin이었습니다.
   ※ ragtime 래그타임(1900년대 초에 미국 흑인들에 의해 처음 연주되기 시작한, 특히 초기 피아노 재즈)

Part I 45 Grammar Points

3. Mary met with two graduate advisors, **both of whom** she had known for years.

   Mary는 두 대학원 지도교수들과 만났는데, 그 둘 다 그녀가 수년 동안 알았던 사람이었습니다.

   ※graduate advisor 대학원 어드바이저, 대학원 지도교수

4. I think this is the topic **on which** I will write my MA thesis.

   나는 이것이 내가 나의 문학 석사 논문에 쓸 주제라고 생각합니다.

   ※ MA 문학석사(Masters of Arts)

5. Carlson is the only man **whom** everybody can count on in times of difficulties.

   (*whom* 은 여기서 생략될 수 있음) Carlson은 어려운 시절에 모두가 의지할 수 있는 단 한 사람입니다.

Chapter 4 부사절

Point 15 불완전 부사절

1. ERROR EXAMPLE

WRONG: But he also said he was more cautious about the promise of genetics this time, biotech medicines were not easy to copy.

RIGHT: But he also said he was more cautious about the promise of genetics this time, **because** biotech medicines were not easy to copy.

그러나 그는 이번에는 유전학의 장래성에 관해 더 조심스럽다고 또한 말했는데, 생명공학 약품들은 복제하기가 쉽지 않기 때문이었습니다.

※ genetics 유전학　　　※ biotech 생명공학

2. GRAMMAR POINT

★ 부사절은 주절 안에서 부사의 역할을 하는 종속절을 말함.

★ 부사절은 부사절 표식어라고 하는 연결 단어로 시작되며, 주어와 동사를 가지고 있어야 됨.

★ 부사절 표식어: because, since, although, even though, while, if, unless, when, as, until, once, before, after 같은 종속 접속사들

You will never know what you can accomplish in life **unless** you try.

당신은 시도를 하지 않는다면 당신이 인생에서 무엇을 이룩할 수 있는지를 절대 알 수가 없습니다.

※ 부사절 표식어 **unless**는 조건의 **부사절**을 유도함.

Even though they are tropical birds, parrots can live in temperate or even cold climates.

비록 그들은 열대 조류이지만, 앵무새들은 온대 또는 한대에서도 살 수 있습니다.

※ 부사절 표식어 **even though**는 양보의 **부사절**을 유도함.

※ temperate climate (기상학) 온대 기후(~氣候)

Great changes have taken place **since** I left my hometown twenty years ago.

내가 20년 전 나의 고향을 떠난 이후 커다란 변화들이 일어났습니다.

※ 부사절 표식어 **since**는 시간의 **부사절**을 유도함.

★ However, wherever, whenever같은 부사절 표식어들에 의해 유도되는 부사절도 있음.

Whenever liquid magma rises to the surface of the earths, a volcano is formed.

액체 마그마가 지구의 표면으로 올라올 때마다, 화산이 형성됩니다.

※ 부사절 표식어 **whenever**는 시간의 **부사절**을 유도함.

You can put your luggage **wherever** you can find room for it.

당신이 공간을 찾을 수 있는 곳이라면 어디에라도 당신의 짐을 놓을 수 있습니다.

※ 부사절 표식어 **wherever**는 장소의 **부사절**을 유도함.

However you solve the problem, you'll get the same answer.
어떻게 당신이 문제를 푼다고 하더라도, 당신은 같은 답을 얻을 것입니다.

※ 부사절 표식어 **however는 양태의 부사절**을 유도함.

※ 양태 부사: 방식, 방법 등을 나타내는 부사

3. PRACTICE TEST

Test 1. SENTENCE COMPLETION: Choose the CORRECT answer.

1. However, the security defaults should not be modified _____ you know exactly what you are doing.

   A. unless   B. when

2. You should never give up _____ there might be a lot of difficulties in your life.

   A. if   B. even though

3. No matter whatever happens, you must try your best to succeed _____ you are young.

   A. while   B. when

4. The place _____ your heart goes is the place to be.

   A. where   B. that

5. If you are willing to do so, however, please feel free to take the attached sample letter and use it as a template _____ you see fit.

   A. for which   B. however

Test 2. SENTENCE CORRECTION: Choose the INCORRECT word or phrase and CORRECT it.

1. Despite he is a good student, we cannot offer him admission at this time.

2. Wherever go, you have to prove that you have enough funding for your visa.

3. Nobody can predict will happen because tomorrow is uncertain.

4. The train was late for two hours due the weather conditions in the Rockies.

5. Some students were singing when others were dancing.

ANSWER KEY

Test 1

1. **A** 그러나, 당신이 무엇을 하고 있는지 정확하게 알고 하지 않는 한 안전 기본 사항들은 수정되어서는 안 됩니다.
2. **B** 당신의 인생에 많은 어려움들이 있을 수 있더라도 절대 포기하면 안 됩니다.
3. **B** 무슨 일이 일어난다 하더라도, 젊었을 때 성공하기 위하여 최선을 다해야만 합니다.
4. **A** 당신의 마음이 가는 장소가 당신이 있을 장소입니다.
5. **B** 그러나, 만약 당신이 기꺼이 그렇게 할 것이라면, 염려하지 말고 첨부된 예문 편지를 템플레이트로써 당신이 적절하다고 생각하는 대로 사용하세요.

Test 2

1. **Despite the fact that he is a good student**, we cannot offer him admission at this time.
   그가 좋은 학생이라는 사실에도 불구하고, 우리는 이번에 그에게 입학을 제공할 수 없습니다.

2. **Wherever you go**, you have to prove that you have enough funding for your visa.
   당신이 어디를 가든지, 당신의 사증에 대한 충분한 자금이 있다는 것을 당신은 증명해야만 합니다.

3. Nobody can predict **what will happen** because tomorrow is uncertain.
   내일은 불확실하기 때문에 누구도 무엇이 일어날 것인지 예측할 수 없습니다.

4. The train was late for two hours **due to** the weather conditions in the Rockies.
   록키 산맥의 기상 조건으로 인해 기차는 두 시간이 늦었습니다.

5. Some students were singing **while** others were dancing.
   다른 사람들이 춤을 추고 있는 동안에 몇몇 학생들은 노래를 하고 있었습니다.

Point 16 — 시간과 원인의 부사절 표식어의 올바른 용법

1. ERROR EXAMPLE

WRONG: The family suspects a hotel employee, she said, the thieves used a copy of their electronic key to get into their room.

RIGHT: The family suspects a hotel employee, she said, **since** the thieves used a copy of their electronic key to get into their room.

그 가족은 호텔 직원을 의심한다고, 그녀는 말하는데, 왜냐하면 도둑들은 그들의 전자 열쇠를 복사하여 그들의 방에 들어왔기 때문입니다.

2. GRAMMAR POINT

★ 부사절은 부사절 표식어라고 하는 연결어로 시작되며, 주어와 동사를 가져야만 함.

★ 부사절 표식어들을 올바르게 사용하기 위해서는 다음 두 가지 유형의 부사절들에 유의할 것.

> ① 자주 사용하는 시간의 부사절 표식어
> *after, as soon as, once, when, as, before, since, whenever, as long as, by the time, until, while*

The children had gone to sleep **by the time** I got home last night.

아이들은 지난 밤 내가 집에 도착했을 때는 잠이 들었습니다.

You can't go anywhere **until** you finish your math homework.
너는 산수 숙제를 마치기 전에는 어디에도 갈 수 없다.

We must get everything ready **before** the party begins.
우리는 파티가 시작되기 전에 모든 것이 준비해야만 합니다.

You should come to see me **as soon as** you finish your project.
당신은 당신의 프로젝트를 마치는 즉시 나를 보러 와야만 합니다.

The plane had already taken off **when** we got to Kennedy Airport.
우리가 케네디 공항에 도착했을 때는 비행기가 이미 이륙했습니다.

※ 위의 예문들에서, 부사절 표식어들인 by the time, until, before, as soon as, when 은 모두 시간의 부사절을 유도함.

> ② 자주 사용하는 원인의 부사절 표식어
> as, now that, because, since, in as much as, in that

In as much as you are well prepared for the exam, you do not have to be afraid of anything.
당신이 시험 준비를 잘 했다는 것을 고려하면, 당신은 아무것도 걱정할 필요가 없습니다.

David did not get the job **because** he was late for the appointment.
David는 약속에 늦었기 때문에 그 직업을 얻지 못했습니다.

Now that you have got your degree, it is time for you to find a job.
이제 당신은 학위를 받았기 때문에, 직업을 찾을 시간입니다.

You might as well stay at home **since** there is nothing to do in the office.
사무실에서는 아무 것도 할 일이 없기 때문에 당신은 집에 있는 편이 좋겠습니다.

Mercury differs from other industrial metals **in that** it is a liquid.
수은은 그것이 액체라는 면에서 다른 공업용 금속들과는 다릅니다.

※ 위의 예문들에서, 부사절 표식어들인 in as much as, because, now that, since, in that은 원인의 부사절을 유도함.

3. PRACTICE TEST

Test 1. SENTENCE COMPLETION: Choose the CORRECT answer.

1. _____ it is very hard to score high on the test, we must try our best to prepare for the test.

   A. Despite   B. Since

2. We promise that we will not go home _____ we finish our job.

   A. when   B. until

3. _____ the debtor has no property, I abandoned the claim.

   A. In as much as   B. When

4. You can call us _____ you need any assistance with your homework or term papers.

   A. whenever   B. as

5. Sylvia London is an exception _____ she's the only professional psychic in the whole world who has accepted our challenge.

   A. in that   B. that

Part I 45 Grammar Points

Test 2. SENTENCE CORRECTION: Choose the INCORRECT word or phrase and CORRECT it.

1. Tom didn't practice driving, and he failed his road test.

2. They got to the railway station and the train had already left.

3. The graduation party didn't begin as all the students arrived.

4. I have made quite a few friends when I came to New York City.

5. Maple wrote our new business plan while I did the local market research.

ANSWER KEY

Test 1

1. B 시험에서 높은 점수를 올리기가 아주 어렵기 때문에, 우리는 최고의 결과가 되도록 최선을 다해 준비해야만 합니다.

2. B 우리는 우리의 일을 종료하기 전까지는 집에 가지 않겠다고 약속합니다.

3. A 채무자가 재산이 없는 것을 고려하여, 나는 청구를 포기하였습니다.

4. A 당신의 숙제와 기말 보고서에 어떤 도움이 필요할 때는 당신은 언제나 우리들에게 전화할 수 있습니다.

5. A Sylvia London은 전 세계에서 우리의 도전을 수락한 유일한 심령술사라는 점에서 예외입니다.

※ psychic 심령술사

Test 2

1. **Because** Tom didn't practice driving, he failed his road test.
   Tom은 운전연습을 하지 않았기 때문에, 도로 시험에서 떨어졌습니다.

2. **By the time** they got to the railway station, the train had already left.
   그들이 기차역에 도착했을 때는, 기차는 이미 떠났습니다.

3. The graduation party did not begin **until** all the students arrived.
   졸업 파티는 모든 학생들이 도착하기 전까지는 시작하지 않았습니다.

4. I have made quite a few friends **since** I came to New York City.
   내가 New York시에 온 이후로 나는 상당수의 친구들을 사귀었습니다.

5. Maple wrote our new business plan, **and** I did the local market research.
   Maple은 우리의 새로운 사업 계획을 작성하였고, 나는 그 지역의 시장 조사를 하였습니다.

Point 17

비교, 조건, 양태, 장소의 부사절 표식어의 올바른 용법

1. ERROR EXAMPLE

WRONG: Chanel could run miles in her younger days, now she suffers from joint problems and spends most of her days at home.

RIGHT: **Although** Chanel could run miles in her younger days, now she suffers from joint problems and spends most of her days at home.

샤넬은 그녀의 젊은 시절에는 수 마일을 달릴 수 있었음에도, 지금 그녀는 관절 문제들을 겪고 있고 집에서 하루의 대부분을 보냅니다.

2. GRAMMAR POINT

★ 부사절은 부사절 표식어라는 연결단어들로 시작하며 주어와 동사를 가지고 있어야만 함.

★ 부사절 표식어들을 올바르게 사용하기 위해서는, 다음 유형의 부사절들에 유의할 것.

> ① 자주 사용하는 비교의 부사절 표식어
> *although, even though, though, while, whereas*

Even though Mr. Nicolson is not very rich, he is always willing to help those in need.

Nicholson씨는 아주 부자는 아니지만, 그는 언제나 어려움에 처한 사람들을 자진해서 도와주려고 합니다.

The rich are getting richer and richer **while** the poor are getting poorer and poorer in today's world.
오늘날의 세계에서 부자들은 더욱 더 부자가 되고 반면에 가난한 사람들은 더욱더 가난해지고 있습니다.

WRONG: We thought she didn't like us, in fact she was very shy.

RIGHT: We thought she didn't like us, **whereas** in fact she was very shy.
우리는 그녀가 우리를 좋아하지 않는다고 생각했지만, 반면에 사실은 그녀는 아주 수줍었습니다.

> ② 자주 사용하는 조건의 부사절 표식어
> *if, in case, provided, providing, unless, whether*

If the automobile had not been invented, what would people use for basic transportation?
만약 자동차가 발명되지 않았다면, 사람들은 기초 운행수단으로 무엇을 사용했을까요?

You will go to Paris with us for the summer **provided** you pass the State test.
만약 네가 국가시험에 합격한다면 너는 우리와 함께 여름을 보내러 파리에 갈 것이다.

You will never succeed **unless** you try.
당신은 시도하지 않으면 결코 성공할 수 없습니다.

WRONG: I will lend you my cell phone but you return it to me in a week.

RIGHT: I will lend you my cell phone **providing** you return it to me in a week.
당신이 내게 1주일 안에 돌려준다면 내 휴대전화를 당신에게 빌려 줄 것입니다.

> ③ 자주 사용하는 양태의 부사절 표식어
> *as, as if, as though*

When in Rome, do **as** the Romans do.
로마에 있을 때는, 로마인들처럼 행동하라.

He looks **as if** he is a multimillionaire.
그는 마치 수백만장자처럼 보입니다.

WRONG: She cried so sadly like the sky was falling down.

RIGHT: She cried so sadly **as though** the sky was falling down.
그녀는 마치 하늘이 무너지고 있는 것처럼 너무 슬프게 울었습니다.

> ④ 자주 사용하는 장소의 부사절 표식어
> *where, wherever*

Wherever he goes, there is always trouble.
그가 어느 곳에 가든지, 그곳에는 언제나 문제가 있습니다.

When you have nowhere to go, you might as well stay **where** you are.
당신이 갈 곳이 없을 때에는, 당신이 있는 곳에서 머무르는 편이 좋을 것입니다.

WRONG: With today's communication tools, you can go to wherever you like to go in a day.

RIGHT: With today's communication tools, you can go **wherever** you like to go in a day.
오늘날의 통신 수단들과 함께면, 당신은 가고 싶은 어느 곳이라도 하루 만에 갈 수 있습니다.

3. PRACTICE TEST

Test 1. SENTENCE COMPLETION: Choose the CORRECT answer.

1. The old woman was moved to tears just _____ she has won the lottery.

   A. for   B. as if

2. Mary is very modest _____ she is the best student in our class.

   A. and   B. although

3. You cannot go to the movie with Jack _____ you finish your homework on time.

   A. except for   B. unless

4. I will not offer any more help to you _____ you get straight A's in all your courses next semester.

   A. provided   B. as

5. Make sure they are all sealed tightly, and keep them in a plastic case or bag _____ they leak.

   A. where   B. in case

Test 2. SENTENCE CORRECTION: Choose the INCORRECT word or phrase and CORRECT it.

1. A good time is where time goes by quickly.

2. I will go with you unless you drive.

3. As you want less noise, you can move to the country.

4. President Kennedy committed the U.S. to being the first to land on the moon, and he died before he saw his dream realized.

5. This secret cove is rumored to be the place that the first emperor of China was buried.

ANSWER KEY

Test 1

1. **B** 그 나이든 여자는 마치 그녀가 복권에 맞은 듯이 감동을 받아 눈물을 흘렸습니다.

2. **B** Mary는 그녀가 우리 학급에서 최고의 학생임에도 불구하고 아주 겸손합니다.

3. **B** 너는 너의 숙제를 제 시간에 마치지 않으면 Jack과 함께 영화를 보러 갈 수 없다.

4. **A** 네가 내년 학기에 너의 모든 과목에서 전부 A를 받는다면 나는 더 이상 너에게 도움을 주지 않을 것이다.

5. **B** 그것들이 모두 단단히 밀봉되었는지 확인하고, 그것들이 샐 경우에 대비하여 플라스틱 상자나 비닐 봉투 안에 보관해라.

Test 2

1. A good time is **when** time goes by quickly.
   좋은 시간이란 시간이 빨리 지나가는 시간입니다.

2. I will go with you **provided that** you drive.
   당신이 운전한다면 나는 당신과 함께 가겠습니다.

3. **If** you want less noise, you can move to the country.
   만약 당신이 더 적은 소음을 원한다면, 시골로 이사할 수 있습니다.

4. President Kennedy committed the U.S. to being the first to land on the moon, **but** he died before he saw his dream realized.
   Kennedy 대통령은 미국을 달에 착륙하는 첫 번째 나라로 만들 것이라고 공약했지만, 그는 그의 꿈이 실현되는 것을 보기 전에 죽었습니다.

오늘 당장 토익 보시나요?

5. This secret cove is rumored to be the place **where** the first emperor of China was buried.
   이 비밀의 작은 만은 중국의 첫 번째 황제가 묻혔다는 장소라는 소문이 있습니다.

   ※ cove 작은 만

Point 18 — 원인과 결과의 부사절 표식어의 올바른 용법

1. ERROR EXAMPLE

WRONG: Albert Einstein was such brilliant a scientist that many of his colleagues had to study for several years in order to form opinions about his theories.

RIGHT: Albert Einstein was **such a** brilliant scientist that many of his colleagues had to study for several years in order to form opinions about his theories.

Albert Einstein은 아주 훌륭한 과학자였기에 많은 그의 동료들은 그의 이론들에 대해 의견을 구성하기 위해 수년간을 연구해야만 했습니다.

2. GRAMMAR POINT

★ 부사절 표식어 such…as, so…that으로 유도되는 원인과 결과의 부사절에서 such~/so~는 원인을 표현하고 that~ 절은 결과를 표현하며, 각각의 절에는 주어와 동사가 있어야만 됨.

① 부사절 표식어 SUCH…THAT
Such는 가산명사 또는 불가산 명사 앞에서 사용됨. Such가 있는 절은 원인, that 절은 결과를 표현함.

Water is such an excellent solvent that it generally contains dissolved materials in greater or lesser amounts.
물은 아주 탁월한 용제라서 일반적으로 더 크거나 더 적은 양에 용해된 물질들을 담습니다.

※ Such는 가산 명사 solvent를 수식하기 때문에, 부정관사 an이 사용되어 excellent solvent를 수식함.

This is such good news that I will call my wife right away.
이것은 너무 좋은 뉴스라서 나는 나의 부인에게 즉시 전화를 할 것입니다.

※ Such는 불가산명사 news를 수식, 따라서, 관사가 필요치 않음.

WRONG: Jenny is such nice girl that everybody loves her.
RIGHT: Jenny is **such a** nice girl **that** everybody loves her.
Jenny는 아주 착한 소녀라 모두가 그녀를 사랑합니다.

※ Such는 가산명사 girl을 수식. 따라서 a가 사용되어 nice girl을 수식함.

---

② SO…THAT
So는 형용사 또는 부사 앞에 사용됨. So가 있는 절은 원인을, that~절은 결과를 표현함.

The music was so loud that we could hardly hear anything.
음악이 너무나 커서 우리는 거의 아무 것도 들을 수 없었습니다.

※ So는 형용사 loud를 수식.

We got to the airport so late that we missed our flight to New York.
우리는 공항에 너무 늦게 도착해서 우리는 New York행 비행기를 놓쳤습니다.

※ So는 부사 late를 수식.

WRONG: By the mid-nineteenth century, land was very expensive in large cities that architects began to conserve space by designing skyscrapers.

RIGHT: By the mid-nineteenth century, land was so expensive in large cities **that** architects began to conserve space by designing skyscrapers.

<small>19세기 중반이 되자, 큰 도시에서 땅은 너무 비싸서 건축가들은 마천루들을 설계함으로써 공간을 절약하기 시작했습니다.</small>

※ So는 형용사 expensive를 수식

3. PRACTICE TEST

Test 1. SENTENCE COMPLETION: Choose the CORRECT answer.

1. Vancouver is _____ nice city that it attracts the most immigrant investors in Canada
   A. such a
   B. so

2. Jenny is so beautiful _____ all the boys like to go out with her.
   A. so that
   B. that

3. It was _____ early that I could hardly get up.
   A. such an
   B. so

4. Jack is _____ nice young man that everybody in the village loves him.
   A. such
   B. such a

5. The homeless girl drank _____ beer that she could hardly stand up.
   A. much
   B. so much

Test 2. SENTENCE CORRECTION: Choose the INCORRECT word or phrase and CORRECT it.

1. It was so interesting book that he couldn't put it down.

2. She is such nice girl that everyone likes her.

3. We arrived so late as Professor Baker had already called the roll.

4. Preparing frozen foods is too easy that anyone can do it.

5. It is so nice weather that I would like to go out to the beach.

ANSWER KEY

Test 1

1. A Vancouver는 아주 멋진 도시라서 Canada에서 가장 많은 이민 투자가들을 끕니다.

2. B Jenny는 아주 아름다워서 모든 소년들이 그녀와 데이트하고 싶어합니다.
   ※ go out 데이트 나가다

3. B 너무 이른 시간이라 나는 거의 일어날 수 없었습니다.

4. B Jack은 너무 멋진 청년이라 마을의 모두가 그를 사랑합니다.

5. B 그 노숙인 소녀는 맥주를 너무 많이 마셔서 거의 일어 설 수가 없었습니다.

Test 2

1. It was **such an** interesting book that he couldn't put it down. (or It was **so** interesting a book **that** he couldn't put it down.)
   그것은 너무 재미있는 책이라서 그는 그것을 내려놓을 수가 없었습니다.

2. She is **such** a nice girl **that** everyone likes her. (or She is **so** nice **a** girl **that** everyone likes her.)
   그녀는 너무 멋진 소녀라 모두가 그녀를 좋아합니다.

3. We arrived **so** late **that** Professor Baker had already called the roll.
   우리는 너무 늦게 도착해서 Baker 교수는 이미 출석을 불렀습니다.

4. Preparing frozen foods is **so** easy **that** anyone can do it.
   냉동식품을 준비하는 것은 너무 쉬워서 누구나 할 수 있습니다.

5. It is **such** nice weather **that** I would like to go out to the beach.
   날씨가 너무 좋아서 나는 바닷가로 나가고 싶습니다.

Chapter 5　주어 동사의 일치

Point 19 주어-동사 일치

1. ERROR EXAMPLE

WRONG: The motorcycle, like other two-wheeled vehicles, are more dangerous than vehicles having four wheels.

RIGHT: The **motorcycle**, like other two-wheeled vehicles, **is** more dangerous than vehicles having four wheels.
모터사이클은, 다른 두 바퀴 탈 것들과 마찬가지로, 네 바퀴 탈 것들보다 더 위험합니다.

2. GRAMMAR POINT

★ 영어에서, 문장에는 주어, 동사가 있어만 하고, 그 수(단수 또는 복수)가 일치해야 됨.

Gloria is the most charming girl in our school.
Gloria는 우리 학교에서 가장 매력적인 소녀입니다.
※ Gloria는 3인칭 단수. 따라서 연결되는 동사는 3인칭 단수

The new **iPhones cost** more money than the previous models.
새로운 iPhone들은 이전 모델들보다 더 많은 돈이 듭니다.
※ iPhones는 복수형. 따라서 행위 동사 cost는 복수형이 되어야 함.

Jack studies Chinese as a second language.

Jack은 제2외국어로 중국어를 공부합니다.

※ Jack은 3인칭 단수. 따라서 행위 동사는 3인칭 단수형인 **studies**가 옴.

★ 주어-동사 일치 문제들 중에서 다음 2개 유형의 실수들만이라도 하지 않도록 특별히 주의해야 함.

① 3인칭 단수 동사를 복수형 주어와 함께 사용하거나, 반대로 단수형 주어를 복수형 동사와 함께 사용하는 실수

WRONG: Helen's mother and sister is coming to Rochester to attend her convocation.

RIGHT: **Helen's mother and sister are** coming to Rochester to attend her convocation.

Helen의 어머니와 누나는 그녀의 학위 수여식에 참석하기 위하여 Rochester로 오고 있습니다.

※ Helen의 어머니와 누나 둘이 주어임. 따라서 연결되는 동사도 복수형임.

※ convocation 학위 수여식

WRONG: Mathematics have been the most difficult subject for me this semester.

RIGHT: **Mathematics has been** the most difficult subject for me this semester.

수학이 이번 학기에 내게는 가장 어려운 과목이었습니다.

※ 학문을 나타내는 단어들은 그 형태는 복수이지만 단수임. Mathematics도 수학이라는 학문이므로 단수 명사임. 따라서 동사도 3인칭 단수형인 **has been**이 옴.

② 구와 절로 된 주어가 동사와 떨어져 있는 경우에 실수

WRONG: Our dog, one of my wife's favorite pets, enjoy the most special treatment in our house.

RIGHT: Our **dog**, one of my wife's favorite pets, **enjoys** the most special treatment in our house.
우리 개는, 나의 와이프가 가장 좋아하는 애완동물인데, 우리 집에서 가장 특별한 대우를 누립니다.

※ one of my wife's favorite pets는 our dog과 동격임. 따라서 주어는 3인칭 단수이며 단수 동사 enjoys가 사용됨.

WRONG: Hong Kong, the shopping paradise for tourists, are truly the place for bargain hunters.

RIGHT: **Hong Kong**, the shopping paradise for tourists, **is** truly the place for bargain hunters.
홍콩은, 관광객들의 위한 쇼핑 천국으로, 정말로 싼 물건 사냥꾼들을 위한 장소입니다.

※ bargain hunter 싸고 질 좋은 물건을 찾아다니는 사람
※ the shopping paradise for tourists는 Hong Kong과 동격임. 따라서 주어 Hong Kong은 단수이기 때문에, 3인칭 단수 동사 is가 사용되었음.

3. PRACTICE TEST

Test 1. SENTENCE COMPLETION: Choose the CORRECT answer.

1. Clinton Westwood, accompanied by his body guards, _____ warmly welcomed in Shanghai.

   A. were   B. was

2. The number of international students _____ every year in our university.

   A. is increasing   B. are increasing

3. New York City, the city of dreams, _____ the most tourists in the world.

   A. attract   B. attracts

4. Either your answer or your classmates' answers _____ acceptable to me.

   A are   B. is

5. Neither Michael nor Christine _____ to hold late night parties in this building.

   A. are allowed   B. is allowed

Test 2. SENTENCE CORRECTION: Choose the INCORRECT word or phrase and CORRECT it.

1. One of his uncles are professor of English at Princeton University.

2. Either his brother or sisters is from England.

3. A number of students is considered for fellowships this year.

4. Neither my parents nor my sister are happy about my not going to college.

5. The committee is willing to vote for his appointment.

ANSWER KEY

Test 1

1. **B** 그의 경호원들을 동행한, Clinton Westwood는 상해에서 따듯한 환영을 받았습니다.

2. **A** (the number of ~ 의 동사는 단수, a (larger, small, etc.) number of ~의 동사는 복수) 우리 대학에서 국제 학생들의 숫자는 매년 증가하고 있습니다.

3. **B** 꿈들의 도시 New York은 세계에서 제일 많은 관광객들을 끕니다.

4. **A** (or 다음의 your classmates' answers가 복수이기 때문에 동사도 복수가 되어야 함.) 너의 대답 또는 너의 급우들의 대답들 중 하나가 내가 받아들일 수 있는 것입니다.

5. **B** (neither...nor/either....or 구조에서 동사는 가장 근접한 명사/대명사의 수/인칭과 일치해야 함.) Michael이나 Christine 누구도 이 건물에서 늦은 밤에 파티를 여는 것은 허용되지 않습니다.

Test 2

1. **One of his uncles is a professor of English at Princeton University.**
   그의 삼촌들 중의 한 명이 Princeton 대학 영어 교수입니다.

2. **Either his brother or sisters are from England.**
   그의 오빠 아니면 누나들이 영국 출신입니다.

3. **A number of students are considered for fellowships this year.**
   얼마간의 학생들이 올해 연구 장학생으로 고려되고 있습니다.

   ※ fellowship (대학원의) 연구장학생

4. **Neither my parents nor my sister is happy about my not going to college.**
   나의 부모들이나 나의 누나는 내가 대학에 가지 않는 것에 대해 좋아하지 않습니다.

5. **The committee are willing to vote for his appointment.**
   (committee의 경우 위원 각자가 따로따로 하는 행동의 경우에는 복수 동사를 사용함.) 위원회는 그의 임명을 위해 기꺼이 투표하려 합니다.

Part I 45 Grammar Points

Point 20 — 주어-동사 일치 잘못: 주어의 수식어에 동사를 일치시키는 잘못

1. ERROR EXAMPLE

WRONG: In Washington, DC, the FBI Scientific Crime Detection Laboratory, better known as the FBI Crime Lab facilities, officially open.

RIGHT: In Washington, DC, the FBI Scientific Crime Detection **Laboratory**, better known as the FBI Crime Lab facilities, officially **opens**.

Washing, DC에서, FBI 범죄 연구소 시설들로 더 잘 알려진, FBI 과학적 범죄 탐지 연구소가 공식적으로 개원합니다.

2. GRAMMAR POINT

★ 모든 문장에서, 주어와 동사는 반드시 그 인칭이나 수(단수/복수)가 일치해야만 됨.

★ 주어 자체가 아닌 주어 수식어에 일치하는 동사를 사용하면 안 됨.

The Zoning Improvement **Plan**, better known as zip codes, **helps** postal clerks to do their work more effectively.

ZIP codes로 더 잘 알려진, 우편지역개선계획(Zoning Improvement Plan)은 우편 사무원들이 그들의 일을 보다 효과적으로 할 수 있도록 도와줍니다.

Everyone who had the opportunity to work beside the President and his cabinet **was** impressed by his vision and leadership.
대통령과 그의 내각 옆에서 일을 할 기회를 가졌던 누구나 그의 비전과 리더십에 의해 감명을 받았습니다.

※ cabinet 내각

Either of these buses **goes** past College Park.
이 버스들 중의 하나는 College Park를 통과합니다.

3. PRACTICE TEST

Test 1. SENTENCE COMPLETION: Choose the CORRECT answer.

1. All those students who have handed in their term papers _____ allowed to go home.

   A. was   B. were

2. Washington D.C., the capital of the United States, _____ the political and cultural center of the country.

   A. is known as   B. are known as

3. Jack Campbell, the star of all stars, _____ nominated to receive the President's Medal.

   A. was   B. were

4. Neither of the alternatives that had been outlined at the last meeting _____ the executive committee.

   A. were acceptable to   B. was acceptable to

5. Nobody who was near the scene of the crime _____ .

   A. is above suspicion   B. are above suspicion

Test 2. SENTENCE CORRECTION: Choose the INCORRECT word or phrase and CORRECT it.

1. His knowledge of languages and international relations aid him greatly in his work.

2. The facilities at the new research library, including an excellent microfilm file, is among the best in the country.

3. All trade between the two countries were suspended pending negotiation of a new agreement.

4. The production of different kinds of artificial materials are essential to the conservation of our natural resources.

5. Since the shipment of supplies for our experiments were delayed, we will have to reschedule our work.

ANSWER KEY

Test 1

1. **B** 그들의 학기말 과제들을 제출한 학생들 모두는 집에 가도록 허용되었습니다.
   ※ term paper 학기말 과제

2. **A** 미합중국의 수도인 Washington D.C.는 나라의 정치와 문화의 중심지로 알려져 있습니다.

3. **A** 스타들 중의 스타인 Jack Campbell은 대통령 메달을 받도록 지명되었습니다.

4. **B** 마지막 회의에서 요약된 대안들 중 어느 것도 집행위원회에는 받아들여질 수 없는 것이었습니다.

5. **A** 범죄 현장에 가까이 있던 어느 누구도 의심에서 벗어나지 못합니다.

Test 2

1. His **knowledge** of languages and international relations **aids** him greatly in his work.
   언어들과 국제관계들에 관한 그의 지식은 그의 일을 아주 잘 도와줍니다.

2. The **facilities** at the new research library, including an excellent microfilm file, **are** among the best in the country.
   탁월한 마이크로필름 파일을 포함한, 새로운 연구 도서관의 시설들은 나라에서 최고입니다.

3. All **trade** between the two countries **was** suspended pending negotiation of a new agreement.
   두 나라 간의 모든 거래는 새로운 협정의 협상이 있을 때까지 중단되었습니다.
   ※ pending [전치사] (어떤 일이) 있을 때 까지, …을 기다리는 동안

4. The **production** of different kinds of artificial materials **is** essential to the conservation of our natural resources.
   다른 종류의 인공 물질들 생산은 우리의 천연 자원 보존에 필수적입니다.

5. Since the **shipment** of supplies for our experiments **was** delayed, we will have to reschedule our work.
   우리들의 실험들을 위한 비품들의 선적이 연기되었기에, 우리는 우리의 작업 일정을 다시 잡아야만 합니다.

Point 21

주어-동사 일치 잘못: 주어를 동반하는 구나 절에 동사를 일치시키는 잘못

1. ERROR EXAMPLE

WRONG: The Hollywood actress, Mary Shelly, along with the likes of Jenny Middleton and Nancy Tea, were added to the best-dressed list of the New Fashion Magazine.

RIGHT: The Hollywood **actress**, Mary Shelly, along with the likes of Jenny Middleton and Nancy Tea, **was** added to the best-dressed list of the New Fashion Magazine.

_{Hollywood 여배우 Mary Shelly는, Jenny Middleton과 Nancy Tea와 같은 사람들과 함께, New Fashion Magazine의 가장 옷 잘 입는 명단에 추가되었습니다.}

2. GRAMMAR POINT

★ 문장의 주어와 동사는 그 수와 인칭이 일치해야만 됨.

★ 주어 자체 대신에 주어를 동반하는 구나 절에 동사를 일치시켜서는 안 됨.

The high protein **content** of various strains of alfalfa plants, along with the characteristically long root system that enables them to survive long droughts, **makes** them particularly valuable in arid countries.

알팔파 나무들의 다양한 품종들의 높은 단백질 함유량은, 그들이 긴 가뭄을 견뎌내게 해주는 특징적으로 긴 뿌리 체계와 함께, 건조한 나라들에서 그들을 특히 가치 있는 것으로 만들고 있습니다.

※ strain 종족, 혈통, 가계(家系), [생물] 계통, 품종
※ drought 가뭄
※ arid 땅이나 기후가 매우 건조한

The teen beauty, having been accepted by both Harvard and Yale, was also offered a Port of Entry Scholarship.
그 10대 미인은, Harvard와 Yale 양 쪽에서 입학 허가를 받았는데, 또한 Port of Entry 장학금도 받았습니다.

WRONG: This prize money, together with a little bit of common sense, were enough for the poor family.

RIGHT: This prize **mone**y, together with a little bit of common sense, **was** enough for the poor family.
이 상금은, 약간의 상식과 함께, 가난한 가족에게는 충분하였습니다.

3. PRACTICE TEST

Test 1. SENTENCE COMPLETION: Choose the CORRECT answer.

1. The farmer's boy, having been offered a scholarship to go to the University of Rochester, _____ immediately known to the whole country.

   A. were   B. was

2. The Hollywood actress, guarded by twelve big men, _____ into the Reception Hall.

   A. was escorted   B. were escorted

3. The small town, having a population of eighty-six people, _____ the biggest stadium in the States.

   A. have   B. has

4. The Big Cat, known as the Dragon Cat, _____ eyes as big as car lamps.

   A. have   B. has

5. Anyone who is not satisfied with our service _____ entitled to receive a free coupon of five dollars.

   A. is   B. are

Test 2. SENTENCE CORRECTION: Choose the INCORRECT word or phrase and CORRECT it.

1. The guest of honor, along with his wife and two sons, were seated at the first table.

2. The ambassador, with his family and staff, invite you to a reception at the embassy on Tuesday afternoon at five o'clock.

3. Mary, accompanied by her brother on the piano, were very well received at the talent show.

4. Senator MacDonald, with his assistant and his press secretary, are scheduled to arrive in New York today.

5. Bruce Springsteen, accompanied by the E. Street Band, are appearing in concert at the Student Center on Saturday night.

ANSWER KEY

Test 1

1. **B** 농부의 아들은, Rochester 대학에 가는데 장학금을 받아서, 고장 전체에 즉시 알려졌습니다.

2. **A** 그 Hollywood 여배우는, 두 명의 거대한 남자들의 보호를 받으며, Reception Hall로 호위 받으며 들어왔습니다.

3. **B** 그 작은 마을은, 86명의 인구를 가지고 있는데, 미국에서 가장 큰 경기장을 가지고 있습니다.

   ※ the States 미국

4. **B** Dragon Cat으로 알려진 Big Cat은 자동차 램프들만큼이나 큰 눈들을 가지고 있습니다.

5. **A** 우리의 서비스에 만족하지 않는 누구라도 5달러의 공짜 쿠폰을 받을 자격이 있습니다.

Test 2

1. **The guest of honor**, along with his wife and two sons, **was** seated at the first table.
   내빈은, 그의 아내 그리고 두 아들들과 함께, 첫 번째 좌석에 앉았습니다.

   ※ guest of honor 주빈, 내빈

2. **The ambassador**, with his family and staff, **invites** you to a reception at the embassy on Tuesday afternoon at five o'clock.
   대사는, 그의 가족과 직원들과 함께, 화요일 오후 5시에 대사관의 리셉션에 귀하를 초대합니다.

   ※ reception 환영 연회

3. **Mary**, accompanied by her brother on the piano, **was** very well received at the talent show.
   동생의 피아노 반주를 받은 Mary는 장기자랑 프로그램에서 좋은 평가를 받았습니다.

   ※ talent show 탤런트 쇼 (아마추어 연예인들이 연예계 진출을 위해 하는 공연)

4. **Senator MacDonald**, with his assistant and his press secretary, **is** scheduled to arrive in New York today.
   MacDonald 상원의원은, 그의 보좌관 그리고 홍보비서와 함께, 오늘 New York에 도착할 일정입니다.

5. **Bruce Springsteen**, accompanied by the E. Street Band, **is** appearing in concert at the Student Center on Saturday night.
   Bruce Springsteen은, 그의 E. Street Band와 함께, 토요일 밤 Student Center에서의 연주회에 출연합니다.

Point 22

주어-동사 일치 잘못: 주어의 동격 안의 단어들에 동사를 일치시키는 잘못

1. ERROR EXAMPLE

WRONG: The Emperor, father of ninety children, **were** living a very extravagant life.

RIGHT: The **Emperor**, father of ninety children, **was** living a very extravagant life.

황제는, 90명의 아이들의 아버지였는데, 아주 사치스러운 생활을 하고 있었습니다.

※ extravagant 낭비하는, 낭비벽이 있는, 사치스러운

2. GRAMMAR POINT

★ 문장에서 주어와 동사는 그 인칭과 수가 일치해야만 됨.

★ 동격이란 명사 뒤에 나오는 단어나 구로 그 명사를 정의해 주는 것.

★ 동격은 보통은 앞과 뒤에 콤마(,)가 있음.

★ 주어 다음에 오는 동격의 단어들과 동사를 일치시키는 것이 아니라, 주어 자체와 동사를 일치시킨다는 것을 절대 명심할 것.

Victoria, the capital of the British Columbia, **is** not only one of the most beautiful cities in the world but also a university city with the most international students.

Victoria는, British Columbia의 수도로, 세계에서 가장 아름다운 도시일 뿐만 아니라 가장 가장 많은 유학생들이 있는 대학 도시입니다.

Dream Land, the hidden valley in the Cypress Mountains, **is** the only place in the world where dreams come true.

Dream Land는 Cypress 산맥 안에 숨겨진 골짜기로, 꿈들이 실현이 되는 세계 유일의 장소입니다.

WRONG: Cindy Johnson, my colleague, are working for the National Research Institute.

RIGHT: Cindy Johnson, my colleague, **is working** for the National Research Institute.

Cindy Johnson은, 나의 동료로, National Research Institute에서 일하고 있습니다.

3. PRACTICE TEST

Test 1. SENTENCE COMPLETION: Choose the CORRECT answer.

1. Squamish National Park, the free ski resort, _____ the best possible facilities you can ever imagine.

   A. has   B. have

2. Vancouver Island, the Island of Whales, _____ only two hours away from Vancouver by ferry.

   A. is   B. are

3. Richard Wilson, famous author of more than eighty books, _____ a reputation of smoking only Cuban cigars.

   A. have   B. has

4. The beautiful English professor, the queen of romance, _____ recently nominated to receive the Nobel Prize.

   A. was   B. were

5. Yellow Lake City, the birthplace of the famous poet, _____ now become a major tourist spot in the county.

   A. have   B. has

Test 2. SENTENCE CORRECTION: Choose the INCORRECT word or phrase and CORRECT it.

1. The books, an English dictionary and a chemistry textbook, was on the bookshelf yesterday.

2. Three swimmers from our team, Paul, Edward, and Jim, is in competition for medals.

3. Several pets, two dogs and a cat, needs to be taken care of while we are on vacation.

4. The Empire State University, the largest of state-supported school, have more than 50,000 students on its main campus.

5. This recipe, an old family secret, are an especially important part of our holiday celebrations.

ANSWER KEY

Test 1

1. A Squamish 국립공원은, 무료 스키 리조트인데, 당신이 상상할 수 있는 가능한 최고의 시설들을 가지고 있습니다.

2. A Vancouver 섬은, 고래들의 섬으로, Vancouver에서 페리 선으로 두 시간밖에 떨어지지 않습니다.

3. B Richard Wilson은, 80권 이상의 책들의 유명한 저자인데, 쿠바 산 시가만을 피는 것으로 명성이 있습니다.

4. A 그 아름다운 영어 교수는, 로맨스의 여왕으로, 최근에 노벨상 수상 후보로 지명되었습니다.

5. B Yellow Lake City는, 유명한 시인의 출생지로, 이제 나라의 주요한 관광지가 되었습니다.

Test 2

1. **The books**, an English dictionary and a chemistry textbook, **were** on the bookshelf yesterday.
   책들은, 영어 사전과 화학 교과서인데, 어제 책장에 있었습니다.

2. **Three swimmers** from our team, Paul, Edward, and Jim, **are** in competition for medals.
   우리 팀의 세 명의 수영선수인, Paul, Edward, 그리고 Jim은 메달을 경쟁 중입니다.

오늘 당장 토익 보시나요?

3. **Several pets**, two dogs and a cat, **need** to be taken care of while we are on vacation.
   몇 마리의 애완동물들, 즉 두 마리의 개와 한 마리의 고양이가, 우리가 휴가 중인 동안 돌보아져야만 합니다.

4. **The Empire State University**, the largest of state-supported school, **has** more than 50,000 students on its main campus.
   Empire State 대학은, 주 정부의 지원을 받는 가장 큰 학교로, 그 본교 캠퍼스에 학생들이 50,000명이 넘습니다.

5. **This recipe**, an old family secret, **is** an especially important part of our holiday celebrations.
   이 조리법은, 가족의 오랜 비밀로, 우리의 명절을 기념하는데 특별히 중요한 부분입니다.

Point 23 — 주어-동사 일치 잘못: 부정 주어와 동사

1. ERROR EXAMPLE

WRONG: Each of the radioisotopes produced artificially have its own distinct structure.

RIGHT: **Each** of the radioisotopes produced artistically **has** its own distinct structure.

인공적으로 생산된 각각의 방사성동위원소는 자신만의 독특한 구조를 가지고 있습니다.

※ radioisotope 방사성동위원소(radioactive isotope)

2. GRAMMAR POINT

★ 다음의 대명사들이 부정 주어 (indefinite subject: 불확정 주어)로 사용될 때는 단수 동사가 따라 와야만 됨.

anyone	anything	each	either	everyone
everything	neither	no one	nothing	what
whatever	whoever			

1) ANYONE

It's not a job for **anyone** who **is** slow with numbers.
이 업무는 숫자에 느린 사람이 할 일이 아닙니다.

If **anyone deserves** to be happy, you do.
만약 누군가가 행복을 누릴 자격이 있다면, 그건 당신입니다.

2) EITHER

I will take this route if either is acceptable to you.
둘 중 어느 것이라도 당신에게 좋다면 나는 이 경로를 택하겠습니다.

Either of the sisters is a beauty.
그의 누나들 누구도 미인입니다.

3) NEITHER

Neither of the brothers is good at school.
형제들 중 누구도 학교 성적이 좋지 않습니다.

You are not allowed to smoke in this bar neither is your partner.
당신은 이 술집에서 흡연이 허용되지 않았고 당신의 동료도 마찬가지입니다.

4) WHAT

What goes in will go out. Life is just a cycle.
들어간 것은 나올 것입니다. 인생은 돌고 도는 것입니다.

What is done is undone.
이미 저질러진 일은 돌이킬 수 없다.

5) ANYTHING

Mary asked: "Is anything wrong?"
"뭔가 잘못된 것이 있나요?"라고 Mary가 물었습니다.

Anything that is expensive is not necessarily good.
가격이 비싼 것이라고 해서 반드시 좋은 것은 아닙니다.

6) EVERYONE

Everyone in the street **was** shocked when they heard the news.
그들이 그 소식을 들었을 때 거리에 있는 모두는 충격을 받았습니다.

Not **everyone thinks** that the government is being particularly generous.
모두가 정부가 특별히 관대하다고 생각하는 것은 아닙니다.

7) NO ONE

Everyone wants to be a hero, but **no one wants** to die.
모두가 영웅이 되기를 바랍니다, 그러나 죽기를 바라는 사람은 아무도 없습니다.

No one knows for sure what will happen when the recession continues.
불경기가 계속될 때 무슨 일이 발생할 것인지 확실하게 아는 사람은 아무도 없습니다.

※ recession 불경기, 불황

8) WHATEVER

When you're older I think you're better equipped mentally to cope with **whatever happens.**
당신이 더 나이가 들면 무슨 일어난다 해도 대응할 정신적 준비가 더 잘 될 것으로 나는 생각합니다.

He will do **whatever pleases** her mother.
그는 그의 어머니를 기쁘게 하는 것은 무엇이나 할 것입니다.

9) EACH

Each of them **is** right in this matter.
그들 각자는 이 문제에 있어서 맞습니다.

Each alternately **claim**s it as its own.
각각은 그것이 자신들의 것임을 돌아가며 주장합니다.

10) EVERYTHING

Everything in this room **has** to be kept as it is while I am away.
내가 없는 동안 이 방에 있는 모든 것이 그대로 있어야만 됩니다.

Everything is going to be just fine.
모든 것이 잘 될 것입니다.

11) NOTHING

Nothing is impossible in this world if you try hard enough.
당신이 충분히 열심히 노력한다면 이 세상에서 불가능한 것은 아무 것도 없습니다.

There **is nothing** to worry about.
걱정할 것 아무 것도 없습니다.

12) WHOEVER

Whoever says so, I don't believe it anyway.
어느 누가 그렇게 말한다 해도, 어쨌든 나는 그것을 믿지 않습니다.

You can give this iPad to **whoever wants** it. It's my gift.
당신은 이 iPad를 원하는 누구에게나 줄 수 있습니다. 그것은 나의 선물입니다.

★ 다음 단어들이 주어인 경우에 문장 내에서 제한적인 구 또는 문맥에 따라서 동사의 단/복수가 달라짐.

> all   any   some   the rest

1) ALL

All of the money **has been spent**.
돈 전부가 다 쓰였습니다.

※ money는 불가산 명사임

All of them **have gone** to Whistler for the weekend.
그들 모두는 주말을 보내려고 Whistler에 갔습니다.

All is well that **ends** well.
끝이 좋으면 모든 것이 좋다.

2) ANY

Clean the mussels and discard **any** that **does not close**.
홍합을 세척하고 입을 닫지 않는 것은 폐기하세요.

※ mussel 홍합

Are any of you from the West Coast?
당신들 중에 West Coast에서 온 사람 없나요?

※ West Coast (미국의) 서부 해안(특히 캘리포니아)

3) SOME

The terrorized tourists had congregated in the only open bar in town. **Some were** very upset, but others looked as if nothing had happened.
겁에 질린 관광객들은 마을에서 유일하게 문을 연 술집에 모였습니다. 몇 명은 아주 불안했지만, 다른 사람들은 마치 아무 일도 일어나지 않은 것처럼 보였습니다.

※ congregate 모이다

Their research project is in trouble. **Some** more money **is** needed to keep it going.

그들의 연구 프로젝트는 곤란에 처해 있습니다. 그것이 계속되기 위해서는 더 많은 돈이 필요합니다.

4) THE REST

The rest needs no telling.

나머지는 말할 필요도 없습니다.

The rest of us **are** reprimanded for even the smallest transgression, while he can get away with murder.

우리들의 나머지 사람들은 가장 적은 위반으로도 질책을 받지만, 반면에 그는 살인을 하고도 빠져 나갈 수 있습니다.

3. PRACTICE TEST

Test 1. SENTENCE COMPLETION: Choose the CORRECT answer.

1. I have no doubt, neither _____ he, that it was an encounter with God.

   A. do   B. does

2. Any _____ better than none.

   A. are   B. is

3. Some of this material for some of you _____ very difficult.

   A. is going to be   B. are going to be

4. Neither of us _____ aware of the fact that it was simply a lie.

   A. were   B. was

5. Each student _____ required to attend at least half of the total number of assembly meetings each term.

   A. are   B. is

Test 2. SENTENCE CORRECTION: Choose the INCORRECT word or phrase and CORRECT it.

1. Everyone who has traveled across the United States by car, train, or bus are surprised to see how great the country is.

2. Either of these trains go to Seattle over the weekend.

3. Anyone who wants to win the state lottery have to buy a ticket.

4. The United States and Canada are close neighbors. Neither require that the citizens of the other country have to apply for entry visas.

5. No one who majors in business are allowed to take courses at the School of Music this semester.

Part I 45 Grammar Points

ANSWER KEY

Test 1

1. **B** 나, 그리고 그도, 그것은 신과의 조우였다는 것을 의심하지 않습니다.
2. **B** 어떤 것이라도 없는 것보다는 더 낫습니다.
3. **A** 당신들 몇몇에게 이 자료의 몇몇은 아주 어려울 것입니다.
4. **B** 우리 누구도 그것이 단지 거짓말이었다는 사실을 알지 못했습니다.
5. **B** 학생 각자는 각 학기 총회 전체 회수의 최소한 반에는 참석해야만 합니다.

Test 2

1. **Everyone** who has traveled across the United States by car, train, or bus **is** surprised to see how great the country is.
   미국을 자동차, 열차, 또는 버스로 횡단한 사람은 누구나 그 나라가 얼마나 거대한지를 보고는 놀랍니다.

2. **Either** of these trains **goes** to Seattle over the weekend.
   이 열차들 중 하나는 주말에 시애틀에 갑니다.

3. **Anyone** who wants to win the state lottery **has** to buy a ticket.
   주 정부 발행 복권에 당첨되고 싶은 사람은 누구라도 복권을 사야만 합니다.

4. The United States and Canada are close neighbors. **Neither requires** that the citizens of the other country have to apply for entry visas.
   미국과 캐나다는 가까운 이웃입니다. 누구도 상대편 나라 시민은 입국 비자를 신청해야만 한다고 요구하지 않습니다.

5. **No one** who majors in business **is** allowed to take courses at the School of Music this semester.
   경영학을 전공하는 누구도 이번 학기에 음악 대학의 과정을 수강하는 것은 허용되지 않습니다.

Point 24 주어-동사 일치 잘못: 집합 주어와 동사

1. ERROR EXAMPLE

WRONG: Because entertaining is such a competitive business, a group of singers or musicians need a manager to help market the music.

RIGHT: Because entertaining is such a competitive business, a **group** of singers or musicians **needs** a manager to help market the music.

연예는 아주 경쟁이 심한 사업이기 때문에, 일단의 가수들이나 음악가들은 그들의 음악의 마케팅을 도와줄 매니저가 필요합니다.

2. GRAMMAR POINT

★ 집합 주어들로 사용되는 일부 집합 명사들은 주어-동사 일치에 유의할 것.

★ 다음은 단수 동사와 함께 사용되어야만 하는 집합 주어들(집합 명사들)임.

audience	faculty	police	variety
band	family	public	2, 3, 4 dollars
chorus	group	series	2, 3, 4 miles
class	minority	staff	committee
orchestra	team		

174 오늘 당장 토익 보시나요?

1) AUDIENCE

The **audience was** quite moved by his passionate speech.
청중은 그의 열정적인 연설에 아주 감동받았습니다.

The **audience is** invited to ask questions at the end.
청중은 마지막에 질문을 하도록 요청 받습니다.

2) FACULTY

The **faculty has agreed** on a change in the requirements.
교수진은 요구사항들의 변경에 동의했습니다.

But if the **faculty finds** out, I will have to leave Toronto.
그러나 만약 교수진이 알아낸다면, 나는 토론토를 떠나야만 할 것입니다.

3) POLICE

The **police has set up** a road block on Kingsway and Main Street.
경찰은 Kingsway와 Main Street에 도로 장애물을 설치하였습니다.

The **police has** sufficient evidence to connect the suspect with the explosion.
경찰은 그 용의자를 폭발과 연관시킬 충분한 증거를 가지고 있습니다.

4) VARIETY

This **variety** of dogs **is** very useful for hunting.
이런 각양각색의 개들은 사냥에 아주 도움이 됩니다.

Variety of methods **helps** to liven up a lesson.
다양한 방법들은 학습이 활기차도록 도와줍니다.

5) BAND

The **band** is just back from a sell-out European tour.
밴드는 매진된 유럽 순회에서 방금 돌아왔습니다.

The **band has been** on the road for almost two months.
밴드는 거의 두 달 동안 여행했습니다.

6) FAMILY

The **family has traced** its ancestry to the Norman invaders.
그 가족은 조상이 노르만 침략자들로 거슬러 올라갑니다.

Each **family** of gorillas is led by a great silver-backed patriarch.
각 고릴라 가족은 거대한 은색 등의 족장에 의해 이끌립니다.

7) PUBLIC

The **public has** to be educated to use resources more effectively.
대중은 자원들을 더 효과적으로 사용하는 방법을 교육 받아야만 합니다.

The **public was** awakened to the full horror of the situation.
대중은 그 상황의 공포의 전모를 깨달았습니다.

8) 1, 2, 3 DOLLARS

A million dollars is not a big sum for some terribly rich people.
백만 달러는 엄청나게 부자인 사람들에게는 큰 금액이 아닙니다.

Five dollars was too much for a bowl of rice.
쌀 한 그릇에 5달러는 너무 많았습니다.

9) CHORUS

The **chorus was** seated above the orchestra.
합창단은 오케스트라 뒤에 앉아 있었습니다.

The **chorus was** singing the "The Ode of Joy".
합창단은 '환희의 송가'를 부르고 있었습니다.

10) GROUP

The singing **group is** under the direction of Mr. Johnson.
그 합창단은 Johnson씨의 지휘 하에 있습니다.

The army **group is** shipping out for the Far East today.
그 육군 집단군은 오늘 극동으로 출항합니다.

11) SERIES

The **series was** based on the autobiography of the author.
그 시리즈는 저자의 자서전에 근거한 것이었습니다.

In some people's view, TV **series is** a kind of quasi-art.
몇몇 사람들의 관점에서, TV 시리즈는 일종의 준 예술입니다.

※ quasi 의사擬似의, 유사의, 준準…, 반半…

12) 2,3,4 MILES

Ten miles is not a short distance for a little girl who has to walk to school everyday.
10 마일은 매일 학교에 걸어가야만 하는 작은 소녀에게는 짧은 거리가 아닙니다.

A thousand miles is no longer a problem for travelers nowadays with the help of the airplane.
오늘날 비행기의 도움으로 천 마일은 여행자들에게 더 이상 문제가 아닙니다.

13) CLASS

The **class starts** in five minutes.
수업은 5분 후에 시작합니다.

Our **class has** twenty-five students from around the world.
우리 학급에는 세계 각국에서 온 25명의 학생들이 있습니다.

14) MAJORITY

The **majority was** determined to press its proposal.
제안을 밀어붙이기로 다수결로 결정되었습니다.

If the **majority decides** to pass the bill, the minorities will benefit the most.
만약 대다수가 그 법안을 통과시키기로 결정한다면, 소수자 집단들이 가장 많은 혜택을 받을 것입니다.

15) STAFF

The **staff** of the school is one of the best in the city.
그 학교의 직원들은 도시에서 최고입니다.

Our **staff** is always ready, willing, and able to help you.
우리 직원들은 언제나 준비되어 있고, 자발적이며, 당신을 도울 능력이 있습니다.

16) COMMITTEE

The **committee was** unable to make a decision whether to fire its president or not.
위원회는 의장을 해고할 것인지 말 것인지 결정을 내릴 수가 없었습니다.

I'm afraid the **committee has** cried your suggestion down.
유감스럽지만 위원회는 당신의 제안을 깎아내렸습니다.

※ cry down …을 비난하다, 깎아내리다, …을 매도하다

17) ORCHESTRA

Our **orchestra deserves** ranking with the best in the world.

우리의 교향악단은 세계에서 최고와 어깨를 겨룰 자격이 있습니다.

Under its new conductor, the **orchestra has established** an international reputation.

새로운 지휘자 아래에서, 교향악단은 국제적인 명성을 이룩하였습니다.

18) TEAM

The **team was** pointing for the game with the neighboring college.

그 팀은 이웃 대학과의 게임을 목표로 하고 있었습니다.

Our **team was** left raging at the referee's decision.

우리 팀은 심판의 결정에 엄청 화가 나 있었습니다.

★ 위의 집합 주어들에서는 동사의 복수형을 절대 사용하면 안 된다는 것을 명심.

(주) 특정 경우들, 즉, 만약 한 단체 안에서 개인들의 개별 상태를 표현하는 경우라면, 집합 주어(집합 명사가 주어인 것)에 동사의 복수형이 사용될 수 있음.

The **police are** chasing the murder suspect on the highway now.

경찰은 지금 고속도로 위에서 살인 용의자를 추격하고 있습니다.

※ 위의 예에서 사용된 **police**는 하나의 법적 조직을 의미하는 것이 아니라, 경찰관들을 의미하는 것으로, 따라서 동사 복수형이 사용될 수 있음.

3. PRACTICE TEST

Test 1. SENTENCE COMPLETION: Choose the CORRECT answer.

1. The chorus _____ very good today. Everybody loved it.

   A. was   B. were

2. Such a group of formation _____ briefly referred to as a transformation group.

   A. are   B. is

3. The committee _____ approved your request to go ahead with the project.

   A. has   B. have

4. The series _____ one of the most popular and familiar US drama series to Chinese audiences.

   A. are   B. is

5. Your satisfaction is the greatest support for us and our staff _____ always ready to serve you.

   A. are   B. is

Test 2. SENTENCE CORRECTION: Choose the INCORRECT word or phrase and CORRECT it.

1. Twenty dollars are the price.

2. The faculty have decided to accept you into our graduate program.

3. The audience usually do not applaud in a church.

4. Four miles are the distance to the office.

5. The staff are meeting in the conference room.

ANSWER KEY

Test 1

1. A 합창단은 오늘 아주 좋았습니다. 모두가 그것을 좋아했습니다.
2. B 그와 같은 형태의 그룹은 간단하게 변환군이라고 불려집니다.
3. A 위원회는 그 계획을 진행하자는 당신의 요구를 승인했습니다.
4. B 그 시리즈는 중국의 시청자에게는 가장 인기 있고 친근한 미국 드라마입니다.
5. B 당신의 만족이 우리들에게는 가장 큰 지원이며 우리 직원들은 언제나 당신에게 봉사할 준비가 되어 있습니다.

Test 2

1. **Twenty dollars is** the price.
   20 달러가 가격입니다.

2. **The faculty has decided** to accept you into our graduate program.
   교수진은 당신을 우리의 대학원 과정에 받아들이기로 결정했습니다.

3. The **audience** usually **does not applaud** in a church.
   청중은 보통 교회에서는 박수를 치지 않습니다.

4. **Four miles** is the distance to the office.
   4마일이 사무실까지의 거리입니다.

5. The **staff** is meeting in the conference room.
   직원들은 회의실에서 회의를 하고 있습니다.

오늘 당장 토익 보시나요?

Chapter 6

병렬 구조

병렬 구조: 등위접속사의 올바른 용법

1. ERROR EXAMPLE

WRONG: Jimmy likes to go crab fishing during the day, but Justin prefers catching sharks at night.

RIGHT: Jimmy likes **to go** crab fishing during the day, but Justin prefers **to catch** sharks at night.

Jimmy는 낮에 게 낚시하러 가는 것을 좋아하지만, Justin은 밤에 상어 잡는 것을 선호합니다.

2. GRAMMAR POINT

★ 등위접속사 and, but, or, yet, for, nor는 동등한 표현들을 연결함.

★ 등위접속사들은 명사, 동사, 형용사, 구, 종속절, 주절을 연결함.

★ 올바른 용법은, 등위접속사 양쪽의 있는 것은 병렬이 되어야 함. 즉, 같은 것 두 개를 연결해야만 함.

We will not give up **nor** will we make any compromise with our goal of being the best computer company in the world.

우리는 세계 최고의 컴퓨터 회사가 되는 우리의 목표를 포기하지도 또 그 목표에 어떤 타협도 하지 않을 것입니다.

He is both intelligent **and** courageous.

그는 지능이 있고 또 용감합니다.

She was glad to go home, and **yet** most woefully sad to leave.
그녀는 집에 가게 되어 기뻤습니다, 그럼에도 불구하고 떠나게 되어 정말로 지독히 슬펐습니다.

WRONG: Peter Johnson is not a professor nor is he a lawyer.

RIGHT: Peter Johnson is not a professor **nor** a lawyer.
Peter Johnson은 교수도 아닐 뿐더러 변호사도 아닙니다.

WRONG: I am not interested in what you are saying about it but your doing it.

RIGHT: I am not interested in what you are saying about it **but** how you are doing it.
나는 당신이 그것에 관해 말하고 있는 내용에는 관심이 없지만 당신이 그것을 하고 있는 방법은 아닙니다.

WRONG: Jennifer likes hiking and to go fishing.

RIGHT: Jennifer likes hiking **and** fishing.
Jennifer는 하이킹과 낚시를 좋아합니다.

★ 등위접속사에 의해 형성되는 병렬 구조의 일반적 유형

① 동사 2개를 등위접속사로 연결

David ate **and** slept in the lab when he was writing his research paper.
David은 그의 연구 논문을 작성할 때 연구실에서 먹고 잤습니다.

You can talk to her but never go out with her.
당신은 그녀와 말을 할 수 있지만 절대 그녀와 데이트는 못 나갑니다.

We can go to the movie or play cards at home.
우리는 영화를 보러 가거나 아니면 집에서 카드 게임을 할 수 있습니다.

> ② 형용사 2개를 등위접속사로 연결

This girl is truly beautiful and smart.
이 소녀는 정말로 아름답고 똑똑합니다.

The president's speech was long but interesting.
대통령의 연설은 길었지만 흥미로웠습니다.

Man can be good or bad. It's all up to you to make the judgment.
남자는 좋을 수도 있고 나쁠 수도 있습니다. 그 판단을 하는 것은 모두 당신에게 달려있습니다.

> ③ 구(phrase) 2개를 등위접속사로 연결

In the spring, there are flowers in front of my house and in my backyard.
봄에는, 나의 집 앞 그리고 뒷마당에 꽃들이 있습니다.

The books are on my desk **or** on the floor.
내 책상 위 또는 마루 위에 책들이 있습니다.

You will get your checks not in the morning **but** in the afternoon.
당신은 아침이 아니라 오후에 수표들을 받을 것입니다.

> ④ 절(clause) 2개를 등위접속사로 연결

I am not worried about what you do **or** how you will survive.
나는 당신은 무엇을 하는지 또는 어떻게 생존하는지에 관해 걱정하지 않습니다.

We are here because we don't want to miss the movie **and** because my daughter is the leading actress.
우리는 영화를 놓치고 싶지 않아서 그리고 나의 딸이 주연 여배우이기 때문에 여기에 있습니다.

Scot wants to go to Paris for his vacation, **but** his parents want to go to the countryside for their summer holidays.
Scot은 그의 휴가에 파리로 가기를 원합니다, 그러나 그의 부모는 그들의 여름휴가에 시골로 가기를 원합니다.

3. PRACTICE TEST

Test 1. SENTENCE COMPLETION: Choose the CORRECT answer.

1. It is, therefore, imperative that it be shielded from regional and national influence and not _____.

    A. be captured by particular interests
    B. captured by particular interests.

2. Nancy suggested taking the plane this evening or _____.

    A. going by train tomorrow
    B. that we go by train tomorrow

3. We are not worried about what you do _____ how you are going to take care of your people.

    A. and   B. but

4. The enemy strapped him, and _____ he said nothing.

    A. yet   B. but

5. A smile costs nothing, _____ gives much.

    A. and   B. but

Test 2. SENTENCE CORRECTION: Choose the INCORRECT word or phrase and CORRECT it.

1. Jennifer thought it was essential that she succeed and skiing regularly.

2. He loved her dearly but not her cat.

3. Jake left his pet rabbit out in the cold and alone.

4. I wanted to go to the party, and Peter never intended to go.

5. Christine worked very hard, and she knew she would not keep her job if she did not.

ANSWER KEY

Test 1

1. A (**it be captured**: it be shielded 와 같은 수동태를 사용해야 함) 따라서 그것은 지역적이며 국가적인 영향으로부터 방어되어야 하며 특정 이익들의 포로가 되어서는 안 된다는 것이 절대적입니다.

2. A (**going**…taking과 같은 동명사가 와야 함) Nancy는 오늘 밤 비행기를 타든지 아니면 내일 기차로 가는 것을 제시했습니다.

3. B 우리는 당신이 무엇을 하는 것이 아니라 당신이 당신의 사람들을 어떻게 돌볼 것인가에 대해 걱정하고 있습니다.

4. A 적은 그를 묶었습니다, 그럼에도 불구하고 그는 아무 것도 말하지 않았습니다.

5. B 웃음은 돈이 들지 않습니다, 그러나 많은 것을 줍니다.

Test 2

1. Jennifer thought it was essential that **she succeed and that she ski** regularly.
   Jennifer는 그녀가 성공하고 스키를 규칙적으로 타는 것이 핵심적이라고 생각했습니다.

2. He **loved her** dearly **but** he **did not love her cat**.
   그는 그녀를 매우 사랑했지만 그는 그녀의 고양이는 사랑하지 않았습니다.

3. Jake left his pet rabbit **out in the cold and by itself**.
   Jake는 그의 애완 토끼를 바깥 추운 곳에 그리고 홀로 내버려 두었습니다.

4. I wanted to go to the party, **yet** Peter never intended to go.
   나는 파티에 가고 싶었지만, Peter는 갈 의향이 전혀 없었습니다.

5. Christine worked very hard, **for** she knew she would not keep her job if she did not.
   Christine은 아주 열심히 일했습니다. 그녀가 그렇게 하지 않는다면 그녀의 일을 계속할 수가 없을 것이라는 것을 알았기 때문입니다.

Point 26 — 병렬 구조: 상관접속사의 올바른 용법

1. ERROR EXAMPLE

WRONG: Reservation of a necessary portion of an estate shall be made in a will for a successor who neither can work or he has a source of income.

RIGHT: Reservation of a necessary portion of an estate shall be made in a will for a successor who **neither** can work **nor** has a source of income.

일을 할 수 없거나 수입원이 없는 후손들을 위하여 필요한 양의 재산의 유보가 유언장 안에 들어가게 될 것입니다.

2. GRAMMAR POINT

★ 상관접속사(Correlative conjunction)는 단어와 단어, 구와 구, 절과 절을 연결해주는 역할을 하는 품사임.

★ 한 쌍을 이루는 상관접속사들인 both… and, either… or, neither… nor, not only… but also, whether… or 는 둘이 같이 사용되어서 동등한 표현 또는 병렬 구조를 구성함. 즉 같은 것 두 개를 연결하는 데 사용됨.

He is **both** intelligent **and** trustworthy.
그는 영리하고 또 믿음직합니다.

This man is **either** a teacher or **an** engineer.
그는 교사이거나 아니면 기술자입니다.

When we were poor, we had **neither** food **nor** clothing.
우리가 가난했을 때는, 우리는 먹을 것도 입을 것도 없었습니다.

Whether you like it **or** not does not affect my decision to go to study in the United States.
당신이 좋아하든지 아니면 좋아하지 않는지는 미국에 가서 공부하려는 나의 결정에 영향을 주지 않습니다.

WRONG: He is not only an excellent student but also he is an outstanding athlete.

RIGHT: He is **not only** an excellent student **but also** an outstanding athlete.
그는 탁월한 학생일 뿐만 아니라 눈에 띄는 운동선수입니다.
※ not only…but also가 동등한 명사 student와 athlete를 연결

WRONG: Mary is neither pretty or charming.

RIGHT: Mary is **neither** pretty **nor** charming.
Mary는 귀엽지도 않고 매력적이지도 않습니다.
※ neither…nor가 동등한 형용사 pretty와 charming을 연결

WRONG: The tickets are in my purse or in my pocket.

RIGHT: The tickets are **either** in my purse **or** in my pocket.
표들은 제 지갑에 있거나 아니면 주머니에 있습니다.
※ either…or가 동등한 전치사구 in my purse와 in my pocket을 연결

★ 상관접속사들에 의해 형성된 병렬 구조의 일반적 유형

> ① 명사 2개를 상관접속사로 연결

Professor MacDonald speaks neither French nor German.
MacDonald 박사는 프랑스어도 독일어도 말하지 못합니다.

She is either a writer or a professor.
그녀는 저술가이거나 아니면 교수입니다.

> ② 부정사 2개를 상관접속사로 연결

He wants either to go by train or to go by plane.
그는 기차로 가거나 아니면 비행기로 가기를 원합니다.

The instructor intends neither to please the students nor to punish them.
강사는 학생들을 기쁘게 하지도 벌을 줄 의향도 없습니다.

> ③ 형용사 2개를 상관접속사로 연결

The City of Vancouver is not only beautiful but also friendly.
Vancouver 시는 아름다울 뿐만 아니라 호의적입니다.

This book is both well-written and professionally designed.
이 책은 잘 쓰였고 또 전문적으로 디자인되었습니다.

> ④ 구(phrase) 2개를 상관접속사로 연결

Your luggage is **neither** in the airport **nor** on another plane.
당신의 짐은 공항 안에도 비행기 안에도 없습니다.

I think I have left my wallet **either** in my car **or** in my office.
나는 지갑을 나의 차 안이나 아니면 사무실 안에 놓았다고 생각합니다.

> ⑤ 절(clause) 2개를 상관접속사로 연결

To this day, it's unclear **whether** he shot himself **or** he was murdered.
오늘까지, 그가 자신을 쏘았는지 아니면 살해를 당한 것인지 불확실합니다.

We know **both** where he will stay **and** what he will do in New York.
우리는 그가 New York에서 어디서 묵을 것인지 그리고 무엇을 할 것인지 둘 다 압니다.

3. PRACTICE TEST

Test 1. SENTENCE COMPLETION: Choose the CORRECT answer.

1. The children either remained at their estate in Brentwood _____.

   A. or left for Los Angeles
   B. and left for Los Angeles

2. The new movie was neither amusing nor _____.

   A. was it interesting.
   B. interesting

3. They are neither interested in our products _____ they willing to do any business with us.

   A. nor are   B. or are

4. Either he _____ his friends are the people we can trust.

   A. nor   B. or

5. They have decided not only to help us with the research project _____ to provide support for our finances.

   A. but also   B. but

Test 2. SENTENCE CORRECTION: Choose the INCORRECT word or phrase and CORRECT it.

1. He is neither well qualified or sufficiently experienced for that position.

2. That horse is not only the youngest one in the race and the only one to win two years in a row.

3. Neither the public or the private sector of the economy will be seriously affected by this regulation.

4. He refused to work either in Chicago nor in Denver.

5. Mary decided not only to start a diet, but to join a fitness club.

ANSWER KEY

Test 1

1. A (**either or**) 아이들은 Brentwood의 그들의 저택에 남아있거나 아니면 Los Angeles로 떠났습니다.

2. B (**neither amusing** …**nor interesting**…은 같이 형용사임) 새 영화는 재미있지도 흥미를 끌지도 않았습니다.

3. A 그들은 우리의 제품들에 관심이 있지도 않고 우리와 같이 사업을 할 의향도 없습니다.

4. B 그 아니면 그의 친구들은 우리가 신뢰할 수 있는 사람들입니다.

5. A 그들은 우리의 연구 프로젝트를 도와줄 뿐만 아니라 우리의 재정을 지원하겠다고 결정했습니다.

Test 2

1. He is **neither** well qualified **nor** sufficiently experienced for that position.
   그는 그 직위에 자격도 충분하지 않을 뿐더러 충분한 경험도 없습니다.

2. That horse is **not only** the youngest one in the race **but also** the only one to win two years in a row.
   저 말은 경주 중에 있는 말들 중에서 가장 어릴 뿐만 아니라 2년 연속 우승한 말입니다.

3. **Neither** the public **nor** the private sector of the economy will be seriously affected by this regulation.
   경제의 공공 부분이나 사적 부분이나 이 규제에 의해 심각한 영향은 받지 않을 것입니다.

4. He refused to work **either** in Chicago **or** in Denver.

그는 시카고에서 또는 덴버에서 일하는 것을 거절했습니다.

5. Mary decided **not only** to start a diet, **but also** to join a fitness club.

Mary는 다이어트를 시작할 뿐만 아니라, 피트니스 클럽에도 참가하는 것으로 결심했습니다.

Point 27 병렬 구조: 비교의 올바른 용법

1. ERROR EXAMPLE

WRONG: The collection of foreign journals in the university library is more extensive than the high school library.

RIGHT: The **collection** of foreign journals in the university library is *more* extensive *than* **that** in the high school library.

대학 도서관의 외국 잡지 수집은 고등학교 도서관의 그것보다 더 광범위합니다.

2. GRAMMAR POINT

★ 비교라고 하는 것은, 두 사물 사이의 유사성 또는 차이를 지적하는 것이기 때문에, 그 유사성이나 차이가 동등한 형태로 나타나야 함.

> ① 다음의 구절들을 사용하여 두 사물이 어떻게 차이가 나는 가를 인식함.
> -er... than, more... than, less... than

His research for the thesis was **more** useful **than** *hers*.
그 주제에 대한 그의 연구는 그녀의 것보다 더 유용합니다.

Dining in the restaurant is *more* fun *than* **eating** at home.
레스토랑에서 정찬을 하는 것은 집에서 먹는 것보다 더 재미있습니다.

This lesson is *more* difficult *than* that we had before.
이번 과는 이전 과보다 더 어렵습니다.

WRONG: You have fewer homework than they do.
RIGHT: You have *less* homework **than** they do.
우리는 그들보다 숙제가 적습니다.

> ② 다음과 같은 표현들을 사용하여 두 개의 사물이 같다는 비교를 인식함.   as… as…, the same as…, similar to…, like

A. AS… AS…

Bill is **as** smart **as** Michael. Bill은 Michael 만큼 영리합니다.
Leone is **as** pretty **as** Jessica. Leone은 Jessica 만큼 예쁩니다.

B. THE SAME AS…

Mary is *the same* height **as** Bill. Mary는 Bill과 신장이 같습니다.
Tom is *the same* age **as** Peter. Tom은 Peter와 나이가 같습니다.

C. LIKE, THE SAME AS

Your car is *like* mine. 당신의 차는 나의 것과 같습니다.
Your car is *the same as* mine. 당신의 차는 나의 것과 같은 것입니다.

D. SIMILAR TO

My iPhone is *similar to* yours. 나의 아이폰은 당신의 것과 유사합니다.
The economic situation here is very much *similar to* that in Asia.
이곳의 경제 상황은 아시아의 그것과 아주 많이 유사합니다.

WRONG: The IP address is not the same like the IP address of the Windows cluster, but it must be in the same subnet as the Windows cluster.

RIGHT: The IP address is not **the same as** the IP address of the Windows cluster, but it must be in the same subnet as the Windows cluster.

그 IP 주소는 Windosw 클러스터의 IP 주소와 동일한 것이 아닙니다, 하지만 그것은 Windows 클러스터와 같은 동일한 서브넷 하에 있어야만 합니다.

3. PRACTICE TEST

Test 1. SENTENCE COMPLETION: Choose the CORRECT answer.

1. Our classroom is _____ than your seminar room.

   A. much bigger   B. more bigger

2. Vancouver is more beautiful than _____.

   A. any city in North America
   B. any other city in North America

3. We have _____ natural resources than any other country in the world.

   A. more   B. the most

4. Your laptop is just _____ mine.
   A. like   B. the same like

5. Favorable weather is _____ than advantageous terrain, and advantageous terrain is less important than unity among the people.
   A. least important   B. less important

Test 2. SENTENCE CORRECTION: Choose the INCORRECT word or phrase and CORRECT it.

1. Joyce is more smarter than her classmates.

2. This building is more expensive as that one.

3. John's salary was much larger than Tom.

4. The number of college students this year is larger than last year.

5. Susan is more clever than anybody in her class.

ANSWER KEY

Test 1

1. **A** 우리 교실은 당신의 세미나 실보다 훨씬 더 큽니다.
2. **B** Vancouver는 북미의 다른 어느 도시보다도 더 아름답습니다.
3. **A** 우리는 세계의 다른 어떤 나라보다도 더 많은 천연 자원을 가지고 있습니다.
4. **A** 당신의 랩탑 컴퓨터는 나의 것과 똑같습니다.
5. **B** 이로운 날씨는 유리한 지형보다 덜 중요하고 유리한 지형은 사람들의 단결보다 덜 중요합니다.

Test 2

1. Joyce is **smarter than** her classmates.
   Joyce는 그녀의 급우들보다 더 영리합니다.

2. This building is **more** expensive **than** that one.
   이 건물은 저 건물보다 더 비쌉니다.

3. John's salary was much larger **than Tom's**.
   John의 급여는 Tom의 것보다 더 많습니다.

4. The number of college students this year is larger than **that of** last year.
   올 해의 대학생들 수는 작년의 그것보다 더 큽니다.

5. Susan is **more** clever **than any other student** in her class.
   Susan은 그녀의 학급의 다른 어떤 학생보다 더 현명합니다.

Chapter 7 조건문과 가정법(소망, 바람)

Point 28 — 조건: 가정법 현재의 올바른 용법

1. ERROR EXAMPLE

WRONG: If Americans ate fewer foods with sugar and salt, their general health will be better.

RIGHT: If Americans **ate** fewer foods with sugar and salt, their general health **would** be better.
만약 미국인들이 설탕과 소금이 들은 음식들을 더 적게 먹는다면, 그들의 전반적인 건강은 더 좋을 텐데.

2. GRAMMAR POINT

★ 가정법 현재: 현재에 불가능한 또는 실현되지 않는 상황들을 언급하는 조건들을 사용할 때

★ If 절에서는 과거 시제, 결과 절에서는 would, could, might + 동사 원형

★ 의미는 과거가 아니라, 현재의 바람이나 소망.

If the weather **were** nice, we **would go** fishing.
만약 날씨가 좋다면, 우리는 낚시하러 갈 텐데.

If I **had** a million dollars, I would build a school for the poor.
만약 내가 백만 달러가 있다면, 나는 가난한 사람들을 위한 학교를 지을 텐데.

If she had a doctoral degree, she **might consider** teaching in a college.
만약 그녀가 박사 학위가 있다면, 그녀는 대학에서 가르치는 것을 고려할지도 모를 텐데.

If you **had** a brother, you could **count on** him for help in times of difficulties.
만약 당신에게 형제가 있다면, 어려운 시기에 그의 도움에 의지할 수 있을 텐데.

If she **were** a bird, she **would fly** in the sky.
만약 그녀가 새라면, 그녀는 하늘을 나를 텐데.

WRONG: If we found her luggage, we will call her.
RIGHT: If we **found** her luggage, we **would** call her.
만약 우리가 그녀의 짐을 찾는다면, 우리는 그녀에게 전화할 텐데.

WRONG: If drivers obeyed the speed limit, fewer accidents occur.
RIGHT: If drivers **obeyed** the speed limit, fewer accidents **would** occur.
만약 운전자들이 속도 제한을 지킨다면, 더 적은 사고가 날 텐데.

WRONG: If I were a bird, I shall fly to New York City for a visit.
RIGHT: If I **were** a bird, I **would** fly to New York City for a visit.
만약 내가 새라면, 뉴욕 시를 날아서 방문할 텐데.

WRONG: If my sister was here, I would not feel so lonely in a foreign country.
RIGHT: If my sister **were** here, I **would** not feel so lonely in a foreign country.
만약 나의 여동생이 여기 있다면, 나는 외국에서 이렇게 쓸쓸하게 느끼지 않을 텐데.

WRONG: If Michael had a million dollars, he will spend it in a week.

RIGHT: If Michael **had** a million dollars, he **would** spend it in a week.

만약 Michael이 백만 달러를 가지고 있다면, 그는 그것을 일주일 안에 써버릴 텐데.

3. PRACTICE TEST

Test 1. SENTENCE COMPLETION: Choose the CORRECT answer.

1. If it _____ fine, we would go out and play.
   A. was
   B. were

2. If he _____ only a few good friends, he would not feel that lonely.
   A. had
   B. has

3. If parents had enough money, Michael _____ have to apply for a student loan.
   A. will not
   B. would not

4. If she _____ still young, she would go to Hollywood.
   A. is
   B. were

5. If I had the opportunity to meet the president of the company, I _____ definitely give my proposal to him in person.

A. would   B. will

Test 2. SENTENCE CORRECTION: Choose the INCORRECT word or phrase and CORRECT it.

1. If Jim's family meet Karen, I am sure that they would like her.

2. If you made your bed in the morning, your room looks better when you get back in the afternoon.

3. If Judy didn't drink so much coffee, she wouldn't have been so nervous.

4. If you would go to bed earlier, you wouldn't be so sleepy in the morning.

5. If she would eat fewer sweets, she would lose weight.

ANSWER KEY

Test 1

1. **B** 만약 날씨가 좋다면, 나는 밖에 나가서 놀 텐데.
2. **A** 만약 그에게 약간의 좋은 친구들만 있다면, 그는 그렇게 외롭게 느끼지 않을 텐데.
3. **B** 만약 그의 부모가 돈을 충분히 가지고 있다면, Michael은 학자금 대출을 신청하지 않을 텐데.
4. **B** 만약 그녀가 아직도 어리다면, 그녀는 Hollywood에 갈 텐데.
5. **A** 만약 내가 회사의 사장을 만날 기회가 있다면, 나는 분명히 그에게 직접 나의 제안을 줄 텐데.

Test 2

1. ***If Jim's family met Karen**, I am sure that **they would like her**.*
   만약 Jim의 가족이 Karen을 만난다면, 그들은 그녀를 좋아할 것이 확실합니다.
   또는 I am sure that **they would like** her *if **Jim's family met Karen**.*

2. ***If** you **made** your bed in the morning, **your room would look** better when you get back in the afternoon.*
   만약 당신이 아침에 당신의 침대를 정리한다면, 당신이 오후에 돌아올 때 당신의 방은 더 좋게 보일 텐데.
   또는 **Your room would look better** when you get back in the afternoon *if* **you made** your bed in the morning.

오늘 당장 토익 보시나요?

3. ***If** Judy **didn't drink** so much coffee, **she wouldn't be** so nervous.*
   만약 Judy가 그렇게 많은 커피를 마시지 않는다면, 그녀는 그렇게 과민하지 않을 텐데.

   또는 **Judy wouldn't be** so nervous *if she didn't drink* so much coffee.

4. ***If* you went** to bed earlier, **you wouldn't be** so sleepy in the morning.
   만약 당신이 좀 더 일찍 잠을 잔다면, 당신은 아침에 그렇게 졸리지 않을 텐데.

   또는 **You wouldn't be** so sleepy in the morning *if you went* to bed earlier.

5. ***If* she ate** fewer sweets, she **would** lose weight.
   만약 그녀가 단 것을 좀 덜 먹는다면, 그녀는 살을 뺄 텐데.

   또는 **She would lose** weight *if she ate* fewer sweets.

Point 29 — 조건: 가정법 과거의 올바른 용법

1. ERROR EXAMPLE

WRONG: According to some historians, if Napoleon had not invaded Russia, he would conquer the rest of Europe.

RIGHT: According to some historians, if Napoleon **had not invaded** Russia, he **would have conquered** the rest of Europe.

몇몇 역사가들에 의하면, 만약 나폴레옹이 러시아를 침공하지 않았다면, 그는 유럽의 나머지를 정복했을 것입니다.

2. GRAMMAR POINT

★ 가정법 과거: 과거에 불가능했거나 실현되지 않은 상황들을 언급하는 조건들을 사용할 때.

★ If 절에서는 과거완료 시제, 결과 절에서는 would, could, might + have + 과거분사

★ 의미는 현재가 아닌, 과거

If he **had had** a billion dollars, he **would have donated** it all to the United Way then.

만약 그가 백만 달러가 가지고 있었다면, 그는 그때 그 모두를 United Way에 기부했을 텐데.

If I **had been** a computer scientist, I **would have started** my own software company.
만약 내가 컴퓨터 과학자였다면, 나는 나 자신의 소프트웨어 회사를 시작했을 텐데.

Had I met you at Harvard University, I **would have married** you.
만약 내가 당신을 하버드 대학에서 만났었다면, 나는 당신과 결혼했을 텐데.

WRONG: If I had found her address, I would write her.

RIGHT: If I **had found** her address, I **would have written** her.
만약 내가 그녀의 주소를 찾았다면, 그녀에게 편지를 썼을 텐데.

WRONG: If she had the opportunity to go to Wall Street, she would have become a billionaire at age twenty-five.

RIGHT: If she **had had** the opportunity to go to Wall Street, she **would have become** a billionaire at age twenty-five.
만약 그녀가 월 스트리트에 갈 기회가 있었다면, 그녀는 25세 나이에 억만장자가 됐을 텐데.

WRONG: If Thomas had listened to his wife, he wouldn't become homeless.

RIGHT: If Thomas **had listened** to his wife, he **wouldn't have become** homeless.
만약 Thomas가 그의 부인의 말을 들었다면, 그는 노숙자가 되지 않았을 텐데.

WRONG: If Marilyn were married to me, she would have become the happiest woman on earth.

RIGHT: If Marilyn **had been married** to me, she **would have become** the happiest woman on earth.

만약 Marilyn이 나와 결혼했더라면, 그녀는 지구 상에서 가장 행복한 여자가 되었을 텐데.

WRONG: If dinosaurs would have continued roaming the earth, man would have evolved quite differently.

RIGHT: If dinosaurs **had continued** roaming the earth, man **would have evolved** quite differently.

만약 공룡들이 땅 위를 계속 걸어 다녔다면, 인간은 아주 다르게 진화했을 텐데.

3. PRACTICE TEST

Test 1. SENTENCE COMPLETION: Choose the CORRECT answer.

1. If he had studied harder, he _____ the exam.
   A. would not have failed   B. would not fail

2. If she _____ enough money, she would definitely had helped you.
   A. has   B. had

3. If I had published my bestseller when I was young, I _____ a millionaire.

   A. would have become   B. would become

4. If I _____ the scholarship to go to Columbia University, I would have got my Ph.D. in economics.

   A. had   B. had had

5. If you had treated them fairly, they _____ you without even a notice.

   A. wouldn't have left   B. wouldn't leave

Test 2. SENTENCE CORRECTION: Choose the INCORRECT word or phrase and CORRECT it.

1. If we had the money, we would have bought a new stereo system.

2. If the neighbors hadn't quieted down, I would have to call the police.

3. If her mother let her, Anne would have stayed longer.

4. If we would have known that she had planned to arrive today, we could have met her at the bus station.

5. If I had more time, I would have checked my paper again.

ANSWER KEY

Test 1

1. **A** 만약 그가 더 열심히 공부를 했다면, 그는 시험에 떨어지지 않았을 텐데.
2. **B** 만약 그녀가 돈이 충분히 있었더라면, 그녀는 분명히 당신을 도왔을 텐데.
3. **A** 만약 내가 젊었을 때 나의 베스트셀러를 출판했더라면, 나는 백만장자가 되었을 텐데.
4. **B** 내가 만약 Columbia 대학에 갈 장학금을 받았더라면, 나는 경제학 박사 학위를 땄을 텐데.
5. **A** 만약 당신이 그들을 잘 대했더라면, 그들은 아무런 통보도 없이 당신을 떠나지 않았을 텐데.

Test 2

1. **If we had had** the money, **we would have bought** a new stereo system.
   만약 우리가 돈이 있었더라면, 우리는 새로운 스테레오 시스템을 샀을 텐데.

   또는 **We would have bought** a new stereo system **if we had had** the money.

2. **If** the neighbors hadn't quieted down, I would have had to call the police.
   만약 이웃들이 조용해지지 않았더라면, 나는 경찰을 불러야만 했을 텐데.

   또는 **I would have had** to call the police **if the neighbors hadn't quieted down**.

3. ***If* her mother had** let her, **Anne would have** stayed longer.
   만약 그녀의 어머니가 허락하였더라면, Anne은 더 길게 머물렀을 텐데.

   또는 **Anne would have stayed** longer *if* **her mother had let** her.

4. ***If* we had known** that she had planned to arrive today, **we could have met** her at the bus station.
   만약 우리가 그녀가 오늘 도착할 계획이었다는 것을 알았더라면, 우리는 그녀를 버스 정거장에서 만날 수 있었을 텐데.

   또는 **We could have met** her at the bus station *if* **we had known** that she had planned to arrive today.

5. ***If* I had had** more time, **I would have checked** my paper again.
   만약 내가 시간이 더 있었더라면, 나는 나의 논문을 다시 점검했을 텐데.

   또는 **I would have checked** my paper again *if* **I had had** more time.

Point 30 가정법: 주어와 동사의 도치

1. ERROR EXAMPLE

WRONG: When a lovely woman says you look like her fiance, it means was she not engaged, you'd be able to win her love.

RIGHT: When a lovely woman says you look like her fiance, it means **were** she not engaged, you'd be able to win her love.

사랑스러운 여성이 당신이 그녀의 약혼자처럼 생겼다고 말할 때는, 만약 그녀가 약혼하지 않았다면 당신이 그녀의 사랑을 얻을 수 있을 텐데 라는 의미입니다.

2. GRAMMAR POINT

★ 가정법에서 주어와 동사가 도치될 때: 조건절의 조동사가 had, should, were이고 가정법을 만들어 주는 if가 생략될 때.

Were I fresh eighteen, I would marry the Prince of Wales.
내가 만약 참신한 18세라면, 영국 왕자와 결혼할 텐데.

Had I **had** a billion dollars, I would have built a mansion like that of Bill Gates.
내가 만약 10억 달러가 있었다면, 나는 Bill Gates의 그것과 같은 저택을 지었을 텐데.

Should I **meet** her again, I would tell her the truth.

내가 만약 그녀를 다시 만난다면, 그녀에게 진실을 말할 텐데.

WRONG: Had Mary Lincoln know how much pernicious mischief Herndon would perpetrate in later years, she would have been more self-serving.

RIGHT: **Had** Mary Lincoln **known** how much pernicious mischief Herndon would perpetrate in later years, she would have been more self-serving.

만약 Mary Lincoln이 Herndon이 후년에 가서 얼마나 많은 악행을 저지를 것인지를 알았더라면, 그녀는 좀 더 자기 잇속을 차렸을 텐데.

WRONG: I would definitely help you was I in a position to help.

RIGHT: I would definitely help you **were** I in a position to help.

내가 만약 도와줄 위치에 있다면 나는 분명히 당신을 도울 텐데.

3. PRACTICE TEST

Test 1. SENTENCE COMPLETON: Choose the CORRECT answer.

1. Had you studied harder, your test score _____.
   A. would have been higher
   B. should be higher

2. Had it not been for your invaluable assistance with my application, _____.
   A. I would not have been accepted by Harvard Law School
   B. I would not be accepted by Harvard Law School

3. _____ I meet him in the library again, I would give this dictionary to him.
   A. Had   B. Should

4. I would have found my dream job in the Silicon Valley _____ I had a computer degree from Stanford.
   A. had   B. should

5. _____ she my mother, I would feel very proud of her.
   A. Were   B. Was

Test 2. SENTENCE CORRECTION: Choose the INCORRECT word or phrase and CORRECT it.

1. Was she there, she would make a speech at the university.

2. Has there been a chance, I would have taken it.

3. Lost your job, what would you have done?

4. Had they asked me, I would give my opinion yesterday.

5. Had Bob study more, he would have passed the test.

ANSWER KEY

Test 1

1. **A** (도치된 조건의 부사절에서 과거완료시제 had…studied가 사용되었기 때문에 여기에서는 미래완료 과거 시제인 would have been 이 사용되어야 됨.) 만약 당신이 더 열심히 공부했다면, 당신의 시험 점수는 더 높았을 텐데.

2. **A** (조건의 부사절에서 과거완료가 사용되었기 때문에, 주절에서는 미래 완료 과거 시제 would have been accepted가 나와야 됨.) 만약 내 지원서에 당신의 매우 귀중한 지원이 없었더라면, 나는 Harvard 법대에 입학하지 못했을 텐데.

3. **B** 도서관에서 다시 그를 만난다면, 이 사전을 그에게 줄 텐데.

4. **A** Stanford에서 컴퓨터 학위를 받았더라면, 나는 Silicon Valley에서 나의 꿈의 직업을 얻었을 텐데.

5. **A** 그녀가 나의 어머니라면, 나는 그녀를 매우 자랑스럽게 느낄 텐데.

Test 2

1. **Were** she there, she would make a speech at the university.
   만약 그녀가 거기에 있다면, 대학에서 연설을 할 텐데.

2. **Had** there **been** a chance, I would have taken it.
   기회가 있었더라면, 나는 그것을 잡았을 텐데.

3. **Had** you **lost** your job, what would you have done?
   만약 당신의 직업을 잃었더라면, 당신은 무엇을 했을까요?

4. Had they asked me, I **would have given** my opinion yesterday.
만약 그들이 내게 물어보았더라면, 나는 어제 나의 의견을 주었을 텐데.

5. Had Bob **studied** more, he would have passed the test.
만약 Bob이 공부를 더 했더라면, 그는 시험에 합격했을 텐데.

Point 31 — 가정 동사들에서 파생된 명사들의 올바른 용법

1. ERROR EXAMPLE

WRONG: Council agrees in general to the recommendation that the condition for the dependent to live with the applicant is relaxed.

RIGHT: Council agrees in general to the recommendation that the condition for the dependant to live with the applicant **be relaxed**.

심의회는 피부양자가 신청자와 함께 사는 조건을 완화해야 한다는 권고에 대체적으로 동의합니다.

2. GRAMMAR POINT

★ 조건, 가정, 주장, 요구, 제안, 명령을 나타내는 가정 동사들에서 파생된 다음 명사들의 관계사절의 동사는 원형이 사용된다는 것을 명심.

demand, insistence, preference, proposal, recommendation, request, requirement, suggestion

We support the **recommendation** that commercial mariners **be** especially vigilant while they are transiting the Gulf.

상선들이 걸프 만을 통과할 때는 특히 경계를 하라는 권고를 우리는 지지합니다.

Our **requirement** is that everybody **be** here at 6:30am sharp.
우리의 요구는 전원이 오전 6:30 정각에 여기에 와 있으라는 것입니다.

He didn't dispute one senator's **suggestion** that the pause **be** several months long.
그는 일시 정지가 수개월은 길어야 된다는 한 상원의원의 제안을 반박하지 않았습니다.

His **request** that the matter **be looked into** again was rudely refused by the police.
그 문제를 다시 들여다봐야 한다는 그의 요청은 경찰에 의해 무례하게 거절되었습니다.

WRONG: Mary Jones thought the editor's insistence that she makes clear that the story was a spoof was unnecessary.

RIGHT: Mary Jones thought the editor's **insistence** that she **make** clear that the story was a spoof was unnecessary.
Mary Jones는 그 이야기가 패러디한 것이었다는 것을 그녀가 명확히 해야 한다는 편집인의 주장은 불필요한 것이었다고 생각했습니다.

※ spoof (영화·텔레비전 프로그램 등을) 패러디한 것

WRONG: But in order not to weary you further, I would insist on my request that you are kind enough to hear us briefly.

RIGHT: But in order not to weary you further, I would insist on my **request** that you **be** kind enough to hear us briefly.
그러나 당신을 더 이상 피곤하게 하지 않기 위하여, 나는 당신이 우리가

하는 말을 간략하게 들을 정도는 친절해 달라는 나의 요청을 강조하고 싶습니다.

※ weary 지치게(피곤하게) 하다

WRONG: The recommendation that school teachers are evaluated for stipend every year was approved.

RIGHT: The recommendation that school teachers **be** evaluated for stipend every year was approved.

학교 교사들은 매년 급여에 대한 평가를 받아야만 한다는 권고가 승인되었습니다.

※ stipend 봉급, 급료(특히 성직자의 급료에 대해 씀)

3. PRACTICE TEST

Test 1. SENTENCE COMPLETION: Choose the CORRECT answer.

1. The proposal that our downtown college bookstore _____ on Sundays was welcomed.

   A. stays open   B. stay open

2. Everybody liked my suggestion that Gordon McDonald _____.

   A. is running for the next President of the United States
   B. run for the next President of the United States

3. Mary's proposal that we _____ a vacation in Paris was approved by the president of the company.

   A. take   B. must take

4. Jack's request that his application _____ was denied by the school.

   A. is reconsidered   B. be reconsidered

5. This is my demand that overdue rent _____ within the next forty-eight hours.

   A. must be paid   B. be paid

Test 2. SENTENCE CORRECTION: Choose the INCORRECT word or phrase and CORRECT it.

1. He complied with the requirement that all graduate students in education should write a thesis.

2. The committee refused the request that the prerequisite shall be waived.

3. She ignored the suggestion that she gets more exercise.

4. The terrorist's demand that the airline provides a plane will not be met by the deadline.

5. He regretted not having followed his advisor's recommendation that he dropping the class.

ANSWER KEY

Test 1

1. **B** (가정 동사 propose에서 파생된 proposal 다음에서는 stay의 원형이 사용되어야 함.) 우리의 시내 대학의 서점들이 일요일에도 문을 열어야 한다는 제안이 환영받았습니다.

2. **B** (가정동사 suggest에서 파생된 명사 suggestion 다음에서는 동사 run의 원형이 사용되어야 함.) Gordon McDonald가 미국의 차기 대통령에 출마해야한다는 나의 제안을 모두가 좋아했습니다.

3. **A** 우리가 파리에서 휴가를 보내자는 Mary의 제안이 회사 사장에 의해 승인되었습니다.

4. **B** 그의 원서가 재고되어야만 한다는 Jack의 요청은 학교에 의해서 거부되었습니다.

5. **B** 이것은 기한이 넘은 임차료가 다음 48시간 이내에 지불되어야 한다는 나의 요구입니다.

Test 2

1. He complied with the **requirement** that all graduate students in education **write** a thesis.

   그는 교육을 받고 있는 모든 대학원생들은 논문을 작성해야 한다는 요구에 부응했습니다.

2. The committee **refused** the request that the prerequisite **be waived**.

   위원회는 그 전제조건이 면제되어야 한다는 요청을 거절하였습니다.

   ※ waive 포기하다, 면제하다

3. She ignored the **suggestion** that she **get** more exercise.
   그녀는 그녀가 운동을 더 해야 한다는 제안을 무시했습니다.

4. The terrorist's **demand** that the airline **provide** a plane will not be met by the deadline.
   항공사가 비행기를 제공하라는 그 테러리스트의 요구는 기한 전에는 들어 줄 수 없을 것입니다.

5. He regretted not having followed his advisor's **recommendation** that he **drop** the class.
   그는 그 수업을 취소하라는 그의 조언자의 권고를 따르지 않은 것을 후회했습니다.

Point 32 — wish의 올바른 용법

1. ERROR EXAMPLE

WRONG: I wish there **are** no hunger and poverty in this world.

RIGHT: I **wish** there **were** no hunger and poverty in this world.
나는 이 세상에서 배고픔과 가난이 없기를 소망합니다.

2. GRAMMAR POINT

★ 현재에 불가능하거나 실현되지 않는 상황을 언급하는 소망을 wish로 표현할 때는 wish~절에서 동사는 과거 시제를 사용.

Joyce **wishes** that she **were** still in her fresh sixteen.
Joyce는 그녀가 아직도 참신한 16세이기를 소망합니다.

I **wish** that I **lived** in a huge mansion by the sea.
나는 내가 바닷가 옆의 거대한 저택에서 살기를 소망합니다.

We always **wish** that we **had** a billion dollars in the bank.
우리는 은행에 10억 달러를 가지고 있으면 하고 언제나 소망합니다.

Tom **wishes** that he **opened** his own restaurant.
Tom은 자신의 레스토랑을 열기를 소망합니다.

WRONG: Paul wishes that he has his own bank.

RIGHT: Paul **wishes** that he **had** his own bank.
Paul은 그 자신만의 은행을 갖기를 소망합니다.

WRONG: I wish that I live in Los Angeles.

RIGHT: I **wish** that I **lived** in Los Angeles.
나는 Los Angeles에 살기를 소망합니다.

WRONG: Mary wishes that she was still in high school.

RIGHT: Mary **wishes** that she **were** still in high school.
Mary는 아직 고등학교에 다니기를 소망합니다.

★ 현재의 소망을 말하는 wish를 사용할 때 wish~절의 동사가 be 동사인 경우에는 인칭과 단수, 복수에 상관없이 언제나 were를 사용.

Jack's mother **has** always **wished** that she **were** still the college flower.
Jack의 어머니는 아직도 그녀가 대학교의 꽃이었으면 하고 언제나 소망했습니다.

She often **wishes** that she **were** the daughter of a billionaire.
그녀는 종종 그녀가 억만장자의 딸이었으면 하고 소망합니다.

They often **wish** that they **were** not toiling like pigs on a farm.
그들은 자주 그들이 농장에서 돼지처럼 일하지 않았으면 하고 희망합니다.

★ 과거에 불가능했거나 실현될 수 없던 소망들에 대해 wish를 사용하여 표현할 때는 wish~절에서 과거 완료 시제를 사용.

They **wish** that they **had not started** that company.
그들은 그들이 그 회사를 시작하지 않았더라면 하고 소망합니다.

She **wishes** that her husband **had given** her more money for cosmetics.
그녀는 그녀의 남편이 화장품 살 돈을 그녀에게 더 주었더라면 하고 소망합니다.

We **wish** that we **hadn't wasted** too much time at college.
우리는 우리가 대학에서 너무 많은 시간을 낭비하지 않았더라면 하고 소망합니다.

WRONG: Sammy wishes that he passed the TOEFL test before coming to the United States.

RIGHT: Sammy wishes that he **had passed** the TOEFL test before coming to the United States.
Sammy는 미국에 오기 전에 그가 TOEFL 시험을 통과했었더라면 하고 소망합니다.

WRONG: Jason and Jenny wish that they received fellowships before they got to Stanford University.

RIGHT: Jason and Jenny **wish** that they **had received** fellowships before they got to Stanford University.
Jason과 Jenny는 그들이 Stanford 대학에 도착하기 전에 연구장학금을 받았었더라면 하고 소망합니다.

※ fellowship (대학원생의) 연구장학금

WRONG: She wishes that she were a good daughter and never disobeyed her parents.

RIGHT: She **wishes** that she **had been** a good daughter and **had never disobeyed** her parents.

<small>그녀는 좋은 딸이었더라면 그리고 그녀의 부모의 말을 절대 거역하지 않았더라면 하고 바랍니다.</small>

3. PRACTICE TEST

Test 1. SENTENCE COMPLETION: Choose the CORRECT answer.

1. We earnestly wish that we _____ still young.
   A. are
   B. were

2. The little girl wishes that she _____ a bird.
   A. were
   B. was

3. They wish that they _____ more time with their children.
   A. had spent
   B. spend

4. We all wish that we _____ the lottery.
   A. win
   B. won

5. I wish that I _____ Helen at the University of Victoria.
   A. had met
   B. have met

Test 2. SENTENCE CORRECTION: Choose the INCORRECT word or phrase and CORRECT it.

1. I wish I know that beautiful girl's phone number.

2. It rains a lot. I wish it doesn't rain so often in Vancouver.

3. The little girl often wishes that she is a princess.

4. I wish I know that Joyce was sick. I would have gone to see her.

5. Do you wish that you have studied business instead of science?

ANSWER KEY

Test 1

1. **B** 우리는 우리가 아직 젊었으면 하고 진정으로 소망합니다.
2. **A** 그 작은 소녀는 그녀가 새라면 하고 소망합니다.
3. **A** 그들은 그들이 그들의 아이들과 더 많은 시간을 보냈더라면 하고 소망합니다.
4. **B** 우리는 모두 복권에 당첨되기를 소망합니다.
5. **A** 나는 내가 Helen을 Victoria 대학에서 만났었더라면 하고 소망합니다.

Test 2

1. I **wish I knew** that beautiful girl's phone number.
   나는 저 아름다운 소녀의 전화번호를 알았으면 하고 소망합니다.

2. It rains a lot. I **wish it didn't rain** so often in Vancouver.
   비가 많이 옵니다. Vancouver는 그리 자주 비가 오지 않기를 소망합니다.

3. The little girl often **wishes** that she **were** a princess.
   그 어린 소녀는 종종 그녀가 공주였으면 하고 바랍니다.

4. **I wish I had known** that Joyce was sick. I would have gone to see her.
   나는 Joyce가 아팠던 것을 알았더라면 하고 바랍니다. 나는 그녀를 보러 갔었을 것입니다.

5. Do you **wish** that you **had studied** business instead of science?
   당신은 과학 대신에 경영을 공부했었더라면 하고 바랍니까?

Chapter 8 법조동사

Point 33: 법조동사 다음에는 동사 원형이 나옴

1. ERROR EXAMPLE

WRONG: All of the books that you will need for this report can found in the library.

RIGHT: All of the books that you will need for this report **can be found** in the library.

이 보고서 때문에 당신이 필요로 할 모든 책들은 도서관에서 찾을 수 있습니다.

2. GRAMMAR POINT

★ 법조동사의 의미: 필요, 가능성, 허락, 의도를 설명하는 조동사

★ 법조동사의 종류

can, could, had better, may, might, must, ought(to), shall, should, would

★ 법조동사 + 동사의 형태 요약

> ① 모든 법조동사 다음에는 동사 원형

Henry **must go** to New York this weekend.
Henry는 금주에 New York에 가야만 합니다.

She **should pay** more attention to his research project.
그녀는 그의 연구 프로젝트에 더 관심을 주어야만 합니다.

We **had better leave** early so that we can catch the flight.
우리는 비행기를 타려면 일찍 떠나는 것이 좋습니다.

You **will have** to get this done by five o'clock this afternoon.
당신은 이것을 오늘 오후 다섯 시까지는 완료해야만 할 것입니다.

We **may choose** to write this exam in class or at home.
당신은 이 시험을 교실에서 또는 집에서 볼 것인지 선택할 수 있습니다.

WRONG: According to Samson, his dog can recognizes English words.

RIGHT: According to Samson, his dog **can recognize** English words.
Samson에 의하면, 그의 개는 영어 단어들을 알아들을 수 있습니다.

WRONG: She had better to get prepared for her final examination.

RIGHT: She **had better get** prepared for her final examination.
그녀는 그녀의 학기말 시험을 준비하는 것이 좋습니다.

WRONG: If he had followed my advice, he wouldn't gone to a foreign country to find a job.

RIGHT: If he had followed my advice, he **wouldn't have gone** to a foreign country to find a job.
만약 그가 나의 조언을 따랐더라면, 그는 일자리를 찾으러 외국에 가지는 않았을 것입니다.

> ② 법조동사 + HAVE 다음에는 과거분사

I **should have** *applied* to Harvard University earlier.

나는 Harvard 대학에 좀 더 빨리 지원했어야만 했습니다.

She **must have** *got* his test result for the TOEIC.

그녀는 TOEIC 시험의 결과를 받았음에 틀림없습니다.

Tom and Jessie **might have** enjoyed the party.

Tom과 Jessie는 파티를 즐겼을 것입니다.

> ③ 직접화법을 간접화법으로 변경할 때는
> could, would, should, might는 형태를 바꾸지 않음

직접 화법:

"You **should** always finish your homework on time."

"당신은 언제나 당신의 숙제를 제 시간에 마쳐야만 합니다."

간접 화법:

My supervisor said that I **should** always finish my homework on time.

나는 언제나 나의 숙제를 제 시간에 마쳐야만 한다고 나의 지도교수는 말했습니다

> ④ MUST HAVE + 과거분사: 과거의 결론에만 사용

The ground is wet; it must have rained.
땅이 젖어 있습니다, 비가 온 것이 틀림없습니다.

It's almost midnight; Mary must have gone to sleep.
거의 자정입니다. Mary는 잠이 든 것이 틀림없습니다.

> ⑤ HAD + to 부정사는 과거에 마땅히 해야만 했던 일에 사용

She had to go to see the doctor last night.
그녀는 지난 밤 의사에게 갔어야만 했습니다.

When we were poor, we had to eat grass in order to survive.
우리가 가난했을 때, 우리는 생존하기 위하여 풀을 먹어야만 했습니다.

> ⑥ 조동사 WOULD는 like to 또는 rather와 결합하여
> 법조동사와 유사한 역할
> *WOULD LIKE TO: want to*의 의미
> *WOULD RATHER: prefer to*의 의미

I would like to go to the movie tonight.
나는 오늘 밤 영화를 보러 가고 싶습니다.

I would rather go to the movie tonight than go to a party.
나는 오늘 밤 파티에 가기 보다는 차라리 영화를 보러 가겠습니다.

> ⑦ 수동태 문장에서는 법조동사 다음에는 be + 본동사의 과거 분사

The woman who could be *identified* by her finger print was arrested for theft at the airport.
그녀의 지문에 의해 신원이 확인될 수 있는 여성이 공항에서의 절도로 구속되었습니다.

The boy who might be *punished* for not doing his homework is actually a very good friend of mine.
숙제를 하지 않아서 벌을 받을 지도 모르는 소년이 사실은 나의 아주 좋은 친구입니다.

3. PRACTICE TEST

Test 1. SENTENCE COMPLETION: Choose the CORRECT answer.

1. The bathroom is flooding. The pipes must _____.
   A. be broken
   B. have been broken

2. It _____ last night because the ground is wet.
   A. rained
   B. must have rained

3. It is almost two o'clock in the morning. They must _____ in New York.
   A. have arrived
   B. arrive

4. The girl who _____ the next super model is actually a close friend of mine.
   A. ought to be
   B. might be

5. I _____ to a community college at home than go to a big university abroad.
   A. would go
   B. would rather go

Test 2. SENTENCE CORRECTION: Choose the INCORRECT word or phrase and CORRECT it.

1. The room is empty, they left already.

2. Everybody does his duty.

3. We ought water the plants regularly.

4. Jack said that he will have gone to Stanford next year.

5. The movie will have begin by the time we get there.

ANSWER KEY

Test 1

1. B 욕실이 물에 넘치고 있습니다. 파이프가 터진 것이 분명합니다.
2. B 땅이 젖었기 때문에 어제 밤에 비가 온 것이 분명합니다.
3. A 거의 새벽 2시입니다. 그들은 New York에 도착한 것이 분명합니다.
4. B 다음 수퍼 모델이 될 수 있을지도 모르는 소녀가 사실은 나의 가까운 친구입니다.
5. B 나는 외국의 큰 대학에 가기보다는 차라리 고향에 있는 커뮤니티 칼리지를 가겠습니다.

Test 2

1. The room is empty, they **must have left** already.
   방이 비어있습니다. 그들은 이미 떠난 것이 틀림없습니다.

2. Everybody **should** do his duty.
   모두가 의무를 다해야만 합니다.

3. We **must** water the plants regularly.
   우리는 식물들에 정기적으로 물을 주어야만 합니다.

4. Jack said that he **might go** to Stanford next year.
   Jack은 내년에 Stanford에 갈지도 모른다고 말했습니다.

5. The movie **will have begun** by the time we get there.
   우리가 그 곳에 도착할 때는 영화는 시작했을 것입니다.

Point 34   논리적 결론: 현재의 사건

1. ERROR EXAMPLE

WRONG: Me: "Fine, but I didn't pay the last time. They must do things differently down in the south."

RIGHT: Me: "Fine, but I didn't pay the last time. They **must be doing** things differently down in the south."

나: "좋습니다, 하지만 나는 지난번에는 돈을 내지 않았습니다. 남쪽에서는 일들을 다르게 하는 것이 틀림없습니다."

2. GRAMMAR POINT

★ 조동사 must + have + be + ing(또는 형용사)는 증거에 기초한 논리적 결론을 표현

★ 그 결론은 현재 발생하고 있는 사건에 관한 것으로, 동사형은 반드시 ing형을 사용함.

We haven't heard from her for a long time. She **must be doing** well with her studies in Rochester.

우리는 그녀로부터 오랫동안 소식을 듣지 못했습니다. 그녀는 Rochester에서 연구를 잘하고 있는 것이 분명합니다.

Michael is on vacation in Las Vegas. He **must be having** a good time over there.

Michael은 Las Vegas에서 휴가 중입니다. 그는 거기에서 좋은 시간을 보내고 있는 것이 분명합니다.

I called him several times but there was no answer. Jack **must be very busy** with his dissertation.

나는 그에게 여러 번 전화를 했지만 답이 없었습니다. Jack은 그의 논문으로 아주 바쁜 것이 분명합니다.

※ dissertation (특히 대학 학위) 논문

WRONG: The rich people must buy a lot of expensive cars now because the prices are going up.

RIGHT: The rich people **must be buying** a lot of expensive cars now because the prices are going up.

가격들이 올라가고 있기 때문에 부자들은 고가의 자동차들을 사고 있음에 틀림없습니다.

WRONG: I called her office several times, but there was no answer. She is busy now.

RIGHT: I called her office several times, but there was no answer. She **must be busy** now.

나는 그녀의 사무실로 여러 번 전화를 했습니다, 그러나 대답이 없었습니다. 그녀는 지금 바쁜 것이 틀림없습니다.

WRONG: Johnny has been in Beijing for about a week. We haven't heard from him yet. He must have a good time there.

RIGHT: Johnny has been in Beijing for about a week. We haven't heard from him yet. He **must be having** a good time there.

Johnny는 약 1주일 정도 북경에 있습니다. 우리는 아직 그에게서 아무 것도 듣지 못했습니다. 그는 거기에서 좋은 시간을 갖고 있는 것이 분명합니다.

3. PRACTICE TEST

Test I. SENTENCE COMPLETION: Choose the CORRECT answer.

1. I looked around and thought I _____.

    A. must do something wrong
    B. must be doing something wrong

2. Since the American buffalo has been removed from the endangered species list, it _____ itself again.

    A. must reproduce
    B. must be reproducing

3. It is almost the end of the semester. The students _____ for their final exams.

    A. must prepare
    B. must be preparing

4. The Hollywood actress is welcomed everywhere in the country. She _____ very popular among the common people.

    A. must be
    B. must have been

5. Daniel has just got his first big pay check of ten thousand dollars. He _____ all the way to the bank.

    A. must sing
    B. must be singing

Test 2. SENTENCE CORRECTION: Choose the INCORRECT word or phrase and CORRECT it.

1. The line is busy; someone should be using the telephone now.

2. Bob is absent; he must have been sick again (now).

3. He is taking a walk; he must have felt better now.

4. She must be study at the library now because all of her books are gone.

5. Sarah must get a divorce (now) because her husband is living in an apartment.

ANSWER KEY

Test 1

1. **B** (looked around and thought...must be doing:증거에 기초한 논리적 결론) 나는 주변을 둘러보았고 내가 무언가 잘못하고 있는 것이 분명하다고 생각했습니다.

2. **B** (since...has been removed...must be reproducing: 증거에 기초한 논리적 결론) 미국 들소가 멸종위기종 목록에서 제외되었기 때문에, 그것이 다시 자신들을 번식하고 있는 것이 분명합니다.

3. **B** 이제 거의 학기말입니다. 학생들은 그들의 기말 고사 준비를 하고 있음이 분명합니다.

4. **A** 그 Hollywood 여배우는 나라의 모든 곳에서 환영을 받습니다. 그녀는 일반 대중들 사이에서 아주 인기가 좋은 것이 틀림없습니다.

5. **B** Daniel은 그의 첫 번째 큰 급료인 만 달러를 막 받았습니다. 그는 은행에 가는 동안 노래를 부르고 있는 것이 분명합니다.

Test 2

1. The line is busy; someone **must be using** the telephone now.
   통화 중입니다. 누군가가 전화를 사용하고 있는 것이 분명합니다.

2. Bob is absent; he **must be sick** again (now).
   Bob이 결석입니다. 그는 (지금) 다시 아픈 것이 틀림없습니다.

3. He is taking a walk; he **must be feeling** better now.
   그는 산책 중입니다. 그는 지금 기분이 좋아진 것이 틀림없습니다.

4. She **must be studying** at the library now because all of her books are gone.
   그녀의 책들 모두가 없기 때문에 그녀는 도서관에서 공부하고 있는 것이 틀림없습니다.

5. Sarah **must be getting a divorce** (now) because her husband is living in an apartment.
   그녀의 남편이 지금 아파트먼트에서 살고 있는 중이기 때문에 그녀는 (지금) 이혼하려고 있는 중에 틀림없습니다.

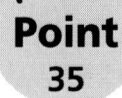

논리적 결론: 과거의 사건

1. ERROR EXAMPLE

WRONG: Mary had high fever last night; she caught a very bad cold on her way home.

RIGHT: Mary had high fever last night; she **must have caught** a very bad cold on her way home.

<small>Mary는 지난 밤 열이 높았습니다. 그녀는 집에 오는 중에 독감에 걸린 것이 틀림없습니다.</small>

2. GRAMMAR POINT

★ **must + have + 과거 분사**는 과거에 발생한 사건에 관해 증거에 기초한 논리적 결론을 표현.

Helen has been staying at home most of the time. She **must have been fired** by her boss.

<small>Helen은 대부분의 시간을 집에서 머물렀습니다. 그녀는 그녀의 상사에 의해 해고된 것이 분명합니다.</small>

Professor Hoy seems to know almost anything. He **must have traveled** around the world or have read all the books in the library.

<small>Hoy 교수는 거의 모든 것에 대해 알고 있는 것 같습니다. 그는 세계 여행을 했든지 아니면 도서관에 있는 모든 책을 읽은 것이 틀림없습니다.</small>

WRONG: When the weather becomes colder, we know that the air mass is originated in the Arctic rather than over the Gulf of Mexico.

RIGHT: When the weather becomes colder, we know that the air mass **must have been originated** in the Arctic rather than over the Gulf of Mexico.

날씨가 차가워지면, 우리는 기단이 멕시코만이 아니라 북극에서 발생한 것이 틀림없다는 것을 압니다.

※ air mass (기상) 기단(氣團)

※ Gulf of Mexico 멕시코만(북아메리카의 미국 남해안, 멕시코 동해안과 쿠바 섬으로 둘러싸인 바다)

WRONG: Michael knows a lot about local Japanese customs and habits. He must lived in Japan for a while.

RIGHT: Michael knows a lot about local Japanese customs and habits. He **must have lived** in Japan for a while.

Michael은 일본의 풍습과 습관에 대해 많이 압니다. 그는 일본에서 얼마간 살았던 것이 분명합니다.

3. PRACTICE TEST

Test 1. SENTENCE COMPLETION: Choose the CORRECT answer.

1. From the spunky look on his face you could tell he _____.

   A. must have done well in the test.
   B. must do well in the test.

2. Being on the list of 400 richest Americans, Douglas Cabinsky, the car dealer _____.

   A. must work very hard
   B. must have worked very hard.

3. Thomas Mackey got every question right on the final exam. He _____ a lot of time preparing for it.

   A. must spend   B. must have spent

4. They are back from the station. They _____ the train.

   A. must miss   B. must have missed

5. He lives in a huge mansion on the Westside. He _____ big money in the oil crisis.

   A. must have made   B. must be making

Test 2. SENTENCE CORRECTION: Choose the INCORRECT word or phrase and CORRECT it.

1. The streets are wet; it should have rained last night.

2. This pen won't write; it can have run out of ink (in the past).

3. The ring that I was looking at is gone; someone else must buy it.

4. He doesn't have his keys; he must locked them in his car.

5. I don't see Martha anywhere; she must be left early.

ANSWER KEY

Test 1

1. **A** (could tell…must have done: 증거에 기초한 논리적인 결론) 투지에 찬 그의 얼굴을 보고 당신은 그가 시험에서 잘 했음이 분명하는 것을 말할 수 있었습니다.

    ※ spunky 용감한, 투지[열의]에 찬

2. **B** (being on…must have worked: 증거에 기초한 논리적 결론) 미국 400대 부자 명단에 있기 때문에, 자동차 거래상, Douglas Cabinsky는 아주 열심히 일했음이 분명합니다.

3. **B** Thomas Mackey는 기말 시험에서 모든 문제를 맞았습니다. 그는 준비를 하는 데 많은 시간을 썼음이 분명합니다.

4. **B** 그들은 역에서 돌아왔습니다. 그들은 기차를 놓쳤음이 틀림없습니다.

5. **A** 그는 Westside의 거대한 저택에서 삽니다. 그는 석유 위기 때에 큰 돈을 벌은 것이 분명합니다.

Test 2

1. **The streets are wet; it must have rained last night.**
    거리가 젖어있습니다. 지난 밤 비가 온 것이 틀림없습니다.

2. **This pen won't write; it must have run out of ink (in the past).**
    이 펜은 써지지가 않습니다. (과거에) 잉크가 다 떨어진 것이 분명합니다.

3. The ring that I was looking at is gone; someone else **must have bought** it.
   내가 보고 있었던 반지가 없어졌습니다. 다른 누군가가 그것을 산 것인 분명합니다.

4. He doesn't have his keys; he **must have locked** them in his car.
   그는 그의 열쇠들을 갖고 있지 않습니다. 그는 그것들을 그의 차 안에 놓고 닫은 것이 분명합니다.

5. I don't see Martha anywhere; she **must have left** early.
   나는 Martha를 어디에서도 볼 수 없습니다. 그녀는 일찍 떠난 것이 분명합니다.

Chapter 9　수식어와 현수분사

Point 36

현수 수식어: ~ING와 ~ED 분사구문의 올바른 용법

1. ERROR EXAMPLE

WRONG: Having won the world championship for swimming, the Chairman of the Olympic Committee presented the gold medal to the player.

RIGHT: **Having won** the world championship for swimming, the **player** was presented with a gold medal by the Chairman of the Olympic Committee.

_{수영 세계 선수권에서 우승하여, 그 선수는 올림픽 위원회 회장에 의해 금메달을 수여받았습니다.}

2. GRAMMAR POINT

★ 현수 수식어(Dangling Modifier) 또는 현수 분사(Dangling Participle)란?

~ing와 ~ed에 의한 분사구(phrase)가 주절을 수식하는 것을 말함.

★ 현수 수식어 문장의 구조

분사구문(~ing 또는 ~ed에 의한 구) + ,(콤마) + **주절**(분사구문의 ~ing의 주체 또는 ~ed의 대상이 된 명사 또는 대명사가 주어로 나옴)

Having hidden the new iPhone in her pocket, Mary left the room.

신형 아이폰을 그녀의 주머니에 숨기자, Mary는 방을 떠났습니다.

※ Mary가 having hidden the new iPhone 행위의 주체.

Running across the street, the little dog was hit by a car.

길을 가로지르는 중에, 그 작은 개는 자동차에 치었습니다.

※ the little dog이 running across the street 행위의 주체.

Sitting alone on a big rock on Cypress Mountain, Jennifer was frightened to death by a strange noise.

Cypress 산의 어느 큰 바위 위에 홀로 앉아, Jennifer는 이상한 소리에 죽을 만큼 놀랐습니다.

※ Jennifer가 sitting alone on a big rock on Cypress Mountain 행위의 주체.

WRONG: Wearing a sparkling red dress, the dog was led out for a walk by the little girl.

RIGHT: **Wearing** a sparkling red dress, **the little girl** led the dog out for a walk.

반짝거리는 빨간 드레스를 입고, 그 작은 소녀는 개를 산책시키려고 끌고 갔습니다.

※ the little girl이 wearing the sparkling red dress라는 행위의 주체

WRONG: Having finished our class, it was time for us to go home.

RIGHT: **Having finished our class**, we thought it was time to go home.

우리의 수업이 끝나서, 우리는 집에 갈 시간이라고 생각했습니다.

※ we가 finished our class라는 행위의 주체

3. PRACTICE TEST

Test 1. SENTENCE COMPLETION: Choose the CORRECT answer.

1. Having achieved these aims, _____.
   A. he sought to preserve a new European equilibrium through prudence and restraint.
   B. a new European equilibrium through prudence and restraint was sought to preserve by him.

2. The squirrel, _____, hid its nuts in a variety of places.
   A. tried to prepare for winter
   B. trying to prepare for winter

3. Wearing a red leather jacket, _____.
   A. the little cat was led out for some fresh air by Mary
   B. Mary led the little cat out for some fresh air

4. Having finished our exam, _____.
   A. it was decided that we go out for a drink
   B. we decided to go out for a drink

5. Running across the street, _____.
   A. a taxi hit Jenny
   B. Jenny was hit by a taxi

Test. 2. SENTENCE CORRECTION: Choose the INCORRECT word or phrase and CORRECT it.

1. Having finished dinner, it was time to go to the movies.

2. Being left alone, it was very scary for me in a big house.

3. With its antlers web like the feet of a duck, the North American moose is easy to identify.

4. Anyone interesting in the game can participate.

5. Seeing the business opportunity, a shopping mall was built here by George.

ANSWER KEY

Test 1

1. **A** (Having achieved…he sought to preserve: he가 분사구와 주절에 나오는 행위의 주체임) 이 목표들을 달성하였기에, 그는 신중함과 자제를 통하여 새로운 유럽의 평형의 유지를 추구하였습니다.
   * prudence 신중, 사려 분별, 조심, 빈틈없음
   * equilibrium 평형[균형] (상태)

2. **B** (trying to prepare…hid: squirrel이 두 행위의 주체) 다람쥐는, 겨울에 대한 준비를 하려 시도하면서, 여러 장소에 견과들을 감추었습니다.

3. **B** 빨간 가죽 자켓을 입고, Mary는 작은 고양이에게 신선한 공기를 주려고 밖으로 데리고 나갔습니다.

4. **B** 우리의 시험을 마치고, 우리는 술 마시러 나가기로 결정했습니다.

5. **B** 도로를 가로질러 뛰는 중에, Jenny는 택시에 치었습니다.

Test 2

1. Having finished dinner, **we thought** it was time to go to the movies.
   저녁을 끝내서, 우리는 영화를 보러 갈 시간이라고 생각했습니다.

2. Being left alone, **I felt** it was very scary in a big house.
   혼자 남겨져, 나는 큰 집에서는 아주 무섭다는 것을 느꼈습니다.

3. With its antlers **webbed like** the feet of a duck, the Noth American moose is easy to identify.
   뿔들이 오리의 다리처럼 그물이 되어 있어, 북미 큰 사슴은 알아보기가 쉽습니다.

오늘 딩징 토익 보시나요?

4. Anyone **interested** in the game can participate.
   게임에 흥미가 있는 누구나 참여할 수 있습니다.

5. Seeing the business opportunity, **George** built a shopping mall here.
   사업 기회를 보고는, George는 여기에 쇼핑 몰을 건설했습니다.

수식어의 잘못된 위치: 형용사와 부사의 올바른 위치

1. ERROR EXAMPLE

WRONG: He began hosting sporadically big dinner parties, gatherings of friends and friends of friends.

RIGHT: He began **sporadically** hosting big dinner parties, gatherings of friends and friends of friends.
그는 산발적으로 큰 만찬을 열기 시작했는데, 친구들 그리고 친구들의 친구들을 모았습니다.

2. GRAMMAR POINT

★ 형용사는 보통은 수식하는 명사 앞에 옴.

★ 부사는, 여러 위치에 올 수 있지만, 동사와 목적어 사이에는 올 수 없음.

Michael studies **hard**.
Michael은 열심히 공부합니다.

Jack **hardly** studies.
Jack은 전혀 공부하지 않습니다.

These are the **absolutely essential** words you have to memorize for the TOEIC test.
이것들은 TOEIC 시험을 위해 당신이 암기해야만 하는 절대 필수 단어들입니다.

We have received the most **recent** information about the election.
우리는 선거에 관한 가장 최근의 정보를 받았습니다.

She said that she had something **very important** to tell us.
그녀는 우리에게 이야기할 아주 중요한 무엇이 있다고 말했습니다.

WRONG: I have news important to tell you tonight.

RIGHT: I have **important news** to tell you tonight.
나는 오늘 밤 너에게 이야기할 중요한 뉴스가 있다.

WRONG: Jennifer is studying very hard French with the help of a private tutor from Paris.

RIGHT: Jennifer **is studying** French **very hard** with the help of a private tutor from Paris.
Jennifer는 파리에서 온 개인 교사의 도움으로 프랑스어를 아주 열심히 공부하고 있습니다.

3. PRACTICE TEST

Test 1. SENTENCE COMPLETION: Choose the CORRECT answer.

1. He _____ when he felt his sickness departing and became strong and healthy as in the days of his youth.

   A. had tasted scarcely it
   B. had scarcely tasted it

2. To share his expensive apartment downtown, Jacky _____.

   A. is desperately looking for a new roommate
   B. is looking for a new roommate desperately

3. There have been _____ in the new admission agreement.

   A. dramatic changes
   B. changes dramatic

4. Jake mentioned that he had _____ to tell us.

   A. highly confidential something
   B. something highly confidential

5. They were very surprised that I _____.

   A. was happy terribly not to accept the prize
   B. was terribly happy not to accept the prize

Test 2. SENTENCE CORRECTION: Choose the INCORRECT word or phrase and CORRECT it.

1. I only have one best friend in New York City.

2. She has bought just a new four-door Ford.

3. We thought it was importantly something we had to do.

4. Michael has been late terrible for class recently.

5. Is there anything with your computer wrong?

ANSWER KEY

Test 1

1. **B** (had scarcely tasted it: 동사와 목적어 사이에 부사는 절대 오지 않음.) 그는 그의 병이 떠나는 것을 느꼈을 때 그것을 거의 맛도 보지 않았고 그의 젊은 시절처럼 강하고 건강해졌습니다.

2. **A** (is desperately looking) 그의 시내의 비싼 아파트를 공유하기 위해, 그는 새로운 룸메이트를 필사적으로 찾고 있는 중입니다.

3. **A** 새로운 입학 보장제에 극적인 변화들이 있었습니다.

4. **B** Jake는 그가 우리에게 말할 고급 기밀 사항을 가지고 있다고 언급했습니다.

5. **B** 그들은 내가 그 상을 받지 않아서 너무나 행복했다는 것에 아주 놀랐습니다.

Test 2

1. I have **only** one best friend in New York City.
   나는 New York에는 가장 친한 친구 1명밖에 없습니다.

2. She has **just** bought a new four-door Ford.
   그녀는 방금 새로운 4 도어 Ford 자동차를 구입했습니다.

3. We thought it was something **important** we had to do.
   우리는 그것이 우리가 해야만 하는 중요한 어떤 것이라고 생각했습니다.

4. Michael has been **terribly** late for class recently.
   Michael은 최근 수업에 심하게 늦었습니다.

5. Is there anything **wrong** with your computer?
   당신의 컴퓨터에 뭔가 이상이 있습니까?

Point 38: FEW와 A FEW, LITTLE과 A LITTLE, MUCH와 MANY

1. ERROR EXAMPLE

WRONG: When there is a few money remaining after all expenses have been paid, we say that a small economic surplus or profit has been created.

RIGHT: When there is **a little** money remaining after all expenses have been paid, we say that a small economic surplus or profit has been created.

모든 경비들이 지불된 후에 약간의 돈이 남을 때, 우리는 작은 경제적 잉여 또는 이익이 창출되었다고 말합니다.

2. GRAMMAR POINT

> ① few와 a few의 차이
>
> *few*: not a lot (수가 많지 않음, 거의 없음을 의미)
> *a few*: some (수가 어느 정도, 조금 있음을 의미)
>
> few, fewer, fewest, a few 다음에는 반드시 가산 명사 복수형이 와야 함.

There are **fewer** international **students** at our university this year than last year.

우리 대학에는 유학생들이 작년보다 올해 더 적습니다.

The small Ivy League university still has **a few** doctoral students from other countries.
그 작은 아이비 리그 대학은 다른 나라 출신의 박사학위 과정 학생들을 아직 약간은 가지고 있습니다.

WRONG: There is few water in the river during the dry season.
RIGHT: There is **little** water in the river during the dry season.
건기에는 강에 물이 거의 없습니다.

WRONG: Tom has the least friends among the students in his class.
RIGHT: Tom has **the fewest** friends among the students in his class.
Tom은 그의 학급의 학생들 중에서 친구들이 가장 적습니다.

② little과 a little의 차이

little: not a lot (양이 많지 않음, 거의 없음을 의미)
a little: some (양이 어느 정도 있음. 양이 조금 있음을 의미)

little, less, least, a little 다음에는 불가산 명사들이 와야 함.

In the old days, parents gave **little** advice to their children about sex and love.
옛날에는, 부모들은 그들의 아이들에게 성과 사랑에 관한 조언은 거의 주지 않았습니다.

Little information is currently available to researchers and physicians who study and treat acromegaly, a glandular disorder characterized by enlargement and obesity.
확대와 비만이 특성인 선 장애인 말단비대증을 연구하고 치료하는 연구자들과 의사들에게는 현재 활용할 정보가 거의 없습니다.

※ acromegaly 말단비대증

※ glandular 선(腺)의 (림프선의)

After paying the tuition, I had only **a little** money left for grocery.
수업료를 지불한 후에, 나는 식료품을 살 돈 약간밖에 없었습니다.

WRONG: There is no many news about when the housing prices will drop in Vancouver.

RIGHT: There is **little** news about when the housing prices will drop in Vancouver.
Vancouver의 주택 가격이 언제 떨어질 것인가에 관한 뉴스는 거의 없습니다.

WRONG: Though he is busy, he still has a few time for his children over the weekend.

RIGHT: Though he is busy, he still has a little time for his children over the weekend.
비록 그가 바쁘지만, 주말에 그의 아이들을 위한 시간은 아직은 약간 있습니다.

③ much와 many의 차이

much: 불가산 명사 수식함 (a lot을 의미함)
many: 가산 명사 수식함 (a lot을 의미함)

Her parents didn't have **much knowledge** about economics.
그의 부모는 경제학에 대한 지식이 많지 않았습니다.

We have **many** foreign **graduates** working in the high-tech industry in Silicon Valley.
우리는 Silicon Valley의 첨단 기술 산업에서 일하고 있는 외국 졸업생들이 많이 있습니다.

Too **much information** is sometimes a dangerous thing in our life.
너무 많은 정보는 때로는 우리의 생활에 위험한 것입니다.

WRONG: There was too many traffic in the old school district.

RIGHT: There was **too much traffic** in the old school district.
이전 학교 지역에는 교통량이 너무 많았습니다.

WRONG: She had so many homework that she couldn't go on a date.

RIGHT: She had **so much homework** that she couldn't go on a date.
그녀는 숙제가 너무 많아서 그녀는 데이트를 할 수 없었습니다.

3. PRACTICE TEST

Test 1. SENTENCE COMPLETION: Choose the CORRECT answer.

1. We had _____ food to eat when we were poor.
   A. few   B. little

2. There was only _____ water left in the house.
   A. a few   B. a little

3. Even with the development of science and technology, we still have _____ knowledge about the aliens.
   A. much   B. little

4. There has been _____ noise around town that there might be an earthquake here in about a hundred year's time.
   A. too much   B. too many

5. Since he left for the Africa, we have had very _____ information about where he is.
   A. little   B. few

Test 2. SENTENCE CORRECTION: Choose the INCORRECT word or phrase and CORRECT it.

1. Give me little butter, please.

2. We have a little news about the plane crash.

3. There are still few tickets left for the concert.

4. A few people in my apartment building are friendly.

5. She can speak so much languages fluently.

ANSWER KEY

Test 1

1. **B** 우리가 가난했을 때 먹을 음식이 거의 없었습니다.
2. **B** 집에는 물이 약간만 남아 있었습니다.
3. **B** 과학과 기술의 발달에도 불구하고, 우리는 아직 외계인들에 관한 지식이 거의 없습니다.
4. **A** 백년 만에 여기에 지진이 있을지도 모른다는 너무 많은 소음이 마을 주변에 있었습니다.
5. **A** 그가 아프리카로 떠난 후, 우리는 그가 어디에 있는지에 대한 정보가 정말로 거의 없습니다.

Test 2

1. Give me **a little butter**, please.
   버터 약간 주세요.

2. We have **little news** about the plane crash.
   우리는 항공기 추락에 관한 뉴스가 거의 없습니다.

3. There are still **a few tickets** left for the concert.
   연주회에 남은 표들이 아직 약간 있습니다.

4. **Few people** in my apartment building are friendly.
   우리 아파트 빌딩에 친절한 사람은 거의 없습니다.

5. She can speak so **many languages** fluently.
   그녀는 아주 많은 언어들을 유창하게 말할 수 있습니다.

오늘 당장 토익 보시나요?

Chapter 10 대명사와 대명사가 지칭하는 것들

Point 39 — 대명사의 올바른 용법

1. ERROR EXAMPLE

WRONG: "Everybody should weigh **their** words very carefully. What we do not need is alarm in financial markets," she said.

RIGHT: "Everybody should weigh **his** words very carefully. What we do not need is alarm in financial markets." she said.

"모두 자기가 하는 말들을 신중하게 해야만 합니다. 금융 시장의 불안은 우리가 필요로 하지 않은 것입니다."라고 그녀가 말했습니다.

※ weigh one's words 말을 신중하게 하다

2. GRAMMAR POINT

★ 대명사는 명사, 동명사, 부정사, 때로는 절 전체를 대체하거나 지칭할 때 사용

★ 대명사들은 문장 내에서의 기능에 따라 그 형태가 바뀜

★ 인칭 대명사, 소유 대명사, 재귀 대명사가 바르게 사용되고 있는지 언제나 확인할 것.

They are the offspring of a great family from Ireland.
그들은 Ireland의 위대한 가문의 자손입니다.

It is **our** duty to serve and protect the people.
사람들을 섬기고 보호하는 것은 우리들의 의무입니다.

Jennifer is a very close friend of **ours**.
Jennifer는 우리 친구들 중에서 가장 친구입니다.

We ourselves are short of supplies because of the storm.
폭풍으로 인하여 우리 자신들은 보급품이 떨어졌습니다.

Michael has just got **his** degree in economics from Cambridge University.
Michael은 Cambridge 대학에서 경제학 학위를 막 받았습니다.

The pretty girl doesn't allow anybody to see **her** nor does **she** allow anyone to fall in love with her.
그 예쁜 소녀는 누구도 그녀를 보기를 허용하지 않을 뿐 아니라 누구도 그녀와 사랑에 빠지는 것을 허락하지 않습니다.

WRONG: Nobody should be judged by their appearance.
RIGHT: Nobody should be judged by **his** appearance.
누구도 그의 겉모습에 의해 판단되어서는 안 됩니다.

WRONG: We must let all citizens know his rights and obligations in the society.
RIGHT: We must let all citizens know **their** rights and obligations in the society.
우리는 모든 시민들에게 사회에서의 그들의 권리들과 의무들에 대해 알게 해야만 됩니다.

3. PRACTICE TEST

Test 1. SENTENCE COMPLETION: Choose the CORRECT answer.

1. Everyone must sign _____ at the reception desk.

   A. their name   B. his name

2. He is one of those people who always _____.

   A. brag about themselves
   B. brag about himself

3. Everyone is responsible for _____ own personal safety.

   A. their   B. his

4. When you live alone off campus, you have to learn how to take care of _____.

   A. yourself   B. yourselfs

5. They have decided to paint their apartment _____.

   A. theirselves   B. themselves

Test 2. SENTENCE CORRECTION: Choose the INCORRECT word or phrase and CORRECT it.

1. Between you and I, the economic situation does not look bad.

2. It was him who knocked on the door last night.

3. Jack is as tall as me.

4. You don't have to worry about me. I can cook myself my dinner.

5. It is she, the one whom nobody likes.

ANSWER KEY

Test 1

1. **B** (everyone은 3인칭 단수임. 따라서 소유대명사는 his가 되어야 함.) 누구나 접수 데스크에서 그의 이름을 서명해야만 합니다.

2. **A** (지칭하는 것은 people이기 때문에 재귀대명사 themselves를 사용해야 함.) 그는 언제나 자기 자랑만 하는 그런 사람들 중의 한 명입니다.

3. **B** 누구나 다 자신의 개인 안전에 대한 책임이 있습니다.

4. **A** 만약 당신이 캠퍼스에 떨어져 혼자 살 때는, 당신 자신을 돌보는 방법을 배워야만 합니다.

5. **B** 그들은 그들 자신들이 그들의 아파트먼트를 칠하기로 결정했습니다.

Test 2

1. Between you and **me**, the economic situation does not look bad.
   우리끼리 이야기이지만, 경제적 상황은 나빠 보이지 않습니다.

2. It was **he** who knocked on the door last night.
   지난 밤 문을 노크한 사람은 그였습니다.

3. Jack is as tall as **I**.
   Jack은 나만큼 키가 큽니다.

4. You don't have to worry about me. I can cook dinner **myself**.

당신은 나에 대해 걱정할 필요가 없습니다. 나는 나 자신이 저녁 요리를 할 수 있습니다.

5. It is **her**, the one whom nobody likes.

아무도 좋아하지 않는 사람은, 바로 그녀입니다.

Point 40 재귀대명사의 올바른 용법

1. ERROR EXAMPLE

WRONG: The best ones can take a good idea and use it to transform **itself** from embryos into giants in a few years, as Amazon and Google have.

RIGHT: The best ones can take a good idea and use it to transform **themselves** from embryos into giants in a few years, as Amazon and Google have.
최고들은 좋은 아이디어를 택하여 그것을 몇 년 안에 자신들을 태아에서 거인으로 변화시키는 데 사용할 수 있습니다, Amazon과 Google이 했던 것처럼 말입니다.

2. GRAMMAR POINT

★ 재귀대명사들(myself, ourselves yourself, yourselves, himself, herself, themselves, itself)은 문장 또는 절(clause)의 보어, 전치사의 목적어로 사용됨.

After saving for his whole life, Michael finally built **himself** a huge mansion in the Fraser Valley.
그의 평생 동안 저축을 한 후에, Michael은 드디어 자신이 Fraser Valley에 거대한 저택을 지었습니다.

Mary is not quite **herself** today.
Mary는 오늘 평상시와 아주 다릅니다.

He fixed the car **himself**.
그는 자신이 자동차를 수리하였습니다.

They divided the prize among **themselves**.
그들은 상금을 서로 나누었습니다.

※ among oneselves ~ 사이에 (**3**명이상 일 때 사용)

WRONG: When you take a test, you should always give you enough time to check the answers before you hand it in.

RIGHT: When you take a test, you should always give **yourself** enough time to check the answers before you hand it in.
시험을 볼 때는, 제출을 하기 전에 답들을 확인할 수 있는 충분한 시간을 언제나 자기 자신에게 주어야만 합니다.

WRONG: It seems everyone knows favoritism exists, but nobody wants to put his hand up and say he is guilty of it itself.

RIGHT: It seems everyone knows favoritism exists, but nobody wants to put his hand up and say he is guilty of it **himself**.
누구나 편애가 존재한다는 것을 아는 것 같이 보이지만, 누구도 손을 들고 그 자신이 그 죄가 있다는 것을 말하기는 원하지 않습니다.

※ favoritism 편애, 편파

3. PRACTICE TEST

Test 1. SENTENCE COMPLETION: Choose the CORRECT answer.

1. According to the Fifth Amendment to the U.S. Constitution, nobody should be compelled to be a witness _____.

   A. against themselves   B. against himself

2. All this would be apart from the failure of two generations of efforts to build a strong European framework _____.

   A. around Germany themselves
   B. around Germany itself

3. She said that she would finish the research project _____.

   A. by herself   B. for herself

4. Bad memories will not go away _____.

   A. theirselves   B. of themselves

5. What has happened behind the closed doors is _____.

   A. between themselves   B. themselves

Test 2. SENTENCE CORRECTION: Choose the INCORRECT word or phrase and CORRECT it.

1. Be careful with these sharp tools or you will hurt to you.

2. A child cannot feed self by the age of five months.

3. Since nobody knew how to swim in my family, I had to teach me how to swim.

4. Help you to whatever you like, it is free.

5. A modern microwave that can clean it is really unbelievable.

ANSWER KEY

Test 1

1. **B** (nobody는 3인칭 단수. 따라서 himself가 사용되어야 함.) 미국 헌법 수정 5조에 따라, 누구도 자신에 반하여 목격자가 되어서는 안 됩니다.

   ※ Fifth Amendment 헌법 수정 제5조

2. **B** (Germany은 3인칭 단수. 따라서 itself가 사용되어야 함.) 이 모두는 독일 자신 주변에 강한 유럽 체제를 구축하려는 두세대의 노력들의 실패와는 다른 것일 것입니다.

3. **A** 그녀는 연구 프로젝트를 그녀 혼자서 완료할 것이라고 말했습니다.

4. **B** 나쁜 기억들은 저절로 사라지지 않을 것입니다.

5. **A** 비공개로 발생한 일은 그들 사이의 비밀입니다.

   ※ behind closed doors 비공개로[비밀리에]

Test 2

1. Be careful with these sharp tools or you will hurt **yourself**.
   이런 날카로운 도구는 조심해라, 아니면 너 자신이 다칠 것이다.

2. A child cannot feed **himself** by the age of five months.
   5개월까지는 아이는 자신 스스로를 먹일 수가 없습니다.

3. Since nobody knew how to swim in my family, I had to teach **myself** how to swim.
   나의 가족 안에는 아무도 수영하는 방법을 몰랐기 때문에, 나는 수영하는 방법을 스스로 가르쳐야만 했습니다.

4. Help **yourself** to whatever you like, it is free.
   당신이 좋아하는 것 마음껏 드세요, 공짜입니다.

5. A modern microwave that can clean **itself** is really unbelievable.
   스스로 청소할 수 있는 현대의 전자레인지는 정말로 믿을 수가 없습니다.

   ※ microwave 전자레인지

대명사와 대명사가 지칭하는 명사의 일치

1. ERROR EXAMPLE

WRONG: And when it comes to fathering healthy children, older men, it turns out, are just as much at the mercy of its biological clocks as women.

RIGHT: And when it comes to fathering healthy children, older **men**, it turns out, are just as much at the mercy of **their** biological clocks as women.

그리고 건강한 자녀들의 아버지가 되는데 있어서, 나이든 남자들은, 여자들과 마찬가지로 그들의 생체 시계에 의해 똑같이 많이 좌우된다는 것이 밝혀졌습니다.

※ when it comes to ~에 관해서는

2. GRAMMAR POINT

★ 대명사는 그것이 대체하는 명사 또는 명사구를 분명하게 지칭해야만 함.

★ 모든 대명사 또는 대명사의 소유격은 그것이 지칭하는 명사 또는 명사구의 수와 인칭과 일치해야만 함.

Since you can clean the room **yourself**, why do you have to pay to hire somebody else to do it?

당신 자신이 방을 청소할 수 있는데, 그것을 하게 다른 어떤 사람을 고용하는 데 돈을 지불해야만 합니까?

Everyone should always bear in mind that he is always responsible for **himself** and the society.
모두는 자신이 언제나 자신과 사회에 대한 책임이 있다는 것을 언제나 명심해야만 합니다.

WRONG: When children experience too much frustration, its behavior ceases to be integrated.

RIGHT: When children experience too much frustration, **their** behavior ceases to be integrated.
어린이들이 너무 많은 좌절을 경험할 때, 그들의 행동은 통합되기를 멈춥니다.

WRONG: Mary paid more attention to her dog than its baby girl.

RIGHT: Mary paid more attention to her dog than **her** baby girl.
Mary는 그녀의 딸아이보다 그녀의 개에게 더 많은 관심을 쏟았습니다.

WRONG: The committee and their members all voted in his favor.

RIGHT: The committee and **its** members all voted in his favor.
그 위원회와 그 구성원들은 모두 그에게 투표했습니다.

3. PRACTICE TEST

Test 1. SENTENCE COMPLETION: Choose the CORRECT answer.

1. It seems we all know that discrimination exists, but we do not want to put _____.

   A. our hands up and say we are guilty of it ourselves
   B. his hand up and say he is guilty of it himself

2. Although the destruction that _____ is often terrible, cyclones benefit a much wider belt than they devastate.

   A. they cause   B. it causes

3. Those who come early can help _____ with some coffee and donuts.

   A. itself   B. themselves

4. Nobody is allowed to leave this room without finishing _____ exam.

   A. his   B. their

5. If the students decide to take the reading break next week, they have to get the permission _____ supervisors.

   A. from its   B. from their

Test 2. SENTENCE CORRECTION: Choose the INCORRECT word or phrase and CORRECT it.

1. Nobody should be judged by their appearance.

2. We must let all citizens know his rights and obligations in the society.

3. He is one of those people who always brag about himself

4. The current world situation gives the people in rich countries more opportunities than the friends in poor countries.

5. The students are trying their best to help the classmates in need.

ANSWER KEY

Test 1

1. A (we our) 우리는 모두 차별이 존재한다는 것을 알지만, 그러나 우리는 우리의 손을 들고 우리 자신이 유죄라고 말하기를 원치 않는 것 같이 보입니다.

2. A (they cyclones) 그것들이 일으키는 파괴는 종종 무시무시하지만, 사이클론들은 그들이 파괴하는 것보다 훨씬 더 넓은 지역에 도움이 됩니다.

3. B 일찍 오는 사람들은 커피와 도넛들을 마음껏 먹을 수 있습니다.

4. A 시험을 마치지 않고서는 누구도 이 방을 떠나는 것이 허용되지 않습니다.

5. B 만약 학생들이 다음 주에 독서 방학을 갖기로 결정한다면, 그들은 그들의 지도교수들로부터 승인을 얻어야만 됩니다.

   ※ reading break 미국의 봄에 있는 중간고사 전의 시험 준비 방학

Test 2

1. **Nobody** should be judged by **his** appearance.
   누구도 그의 겉모습에 의해서 판단되어서는 안 됩니다.

2. We must let all **citizens** know **their** rights and obligations in the society.
   우리는 모두 시민들이 사회에서의 그들의 권리들과 의무들을 알게 해야만 합니다.

3. He is one of those **people** who always brag about **themselves**.
   그는 언제나 자기 자랑을 늘어놓는 그 사람들 중의 한 명입니다.

4. The current world situation gives the **people** in rich countries more opportunities than **their** friends in poor countries.
   현재의 세계 상황은 부유한 나라들의 사람들에게 가난한 나라의 그들의 친구들보다 더 많은 기회를 줍니다.

5. The **students** are trying their best to help **their** classmates in need.
   학생들은 도움이 필요한 그들의 급우들을 돕는데 그들의 최선을 다하고 있습니다.

Chapter 11 전치사와 전치사구

Point 42 — 전치사의 올바른 용법

1. ERROR EXAMPLE

WRONG: Israel's Prime Minister Ehud Olmert said Israeli forces will abstain of attacking the Gaza Strip if militants stop firing rockets.

RIGHT: Israel's Prime Minister Ehud Olmert said Israeli forces will **abstain from** attacking the Gaza Strip if militants stop firing rockets.

이스라엘 수상 Ehud Olmert는 민병대들이 로켓 발사를 중단하면 이스라엘 군대가 Gaza 지구를 공격하는 것을 자제할 것이라고 말했습니다.

2. GRAMMAR POINT

★ 전치사들은 문장에서 객체들과 다른 단어들 간의 관계를 보여주기 위하여 사용.

★ 전치사들이 보여주는 관계들의 유형

> ① 장소 (*in, on, under, over* 등)

I parked my car **under** a big tree.
나는 큰 나무 아래에 내 차를 주차하였습니다.

There is a world map **on** the wall.
벽에 세계 지도가 (붙어) 있습니다.

WRONG: There is a new bridge on the river.

RIGHT: There is a new bridge **over** the river.
강 위로 새로운 다리가 있습니다.

---

② 방향 (*to*, *toward*, *into* 등)

The children rushed **into** the room.
아이들은 방안으로 몰려 들어갔습니다.

He is going **toward** the garden.
그는 정원을 향하여 가고 있는 중입니다.

WRONG: Go straight for the top of the mountain and then you can see the whole city.

RIGHT: Go straight **to** the top of the mountain and then you can see the whole city.
산 정상으로 곧장 가면 도시 전체를 볼 수 있습니다.

---

③ 시간 (*in*, *on*, *at* 등)

Those who want to go to the show will meet **at** two o'clock.
쇼에 가기를 원하는 사람들은 두시에 만날 것입니다.

We will go to New York **on** Friday.
우리는 금요일에 New York에 갈 것입니다.

WRONG: We got to the station in around five.
RIGHT: We got to the station **at** around five.
우리는 5시경에 역에 도착했습니다.

> ④ 동인, 행위자 (*by*)

These toys were handmade **by** her mother.
이 장난감들은 그녀의 어머니에 의해 손으로 만들어졌습니다.

This novel was written **by** a school girl.
이 소설은 여학생에 의해 써졌습니다.

WRONG: The young artist earns her living of painting pictures for tourists in the park.
RIGHT: The young artist earns her living **by** painting pictures for tourists in the park.
그 어린 소녀는 공원에서 여행객들에게 그림을 그리는 것으로 생활비를 법니다.

> ⑤ 도구 (*by*, *with*)

We went to Whistler **by** train.
우리는 Whistler에 기차로 갔습니다.

He opened the box **with** a strange key.
그는 이상한 열쇠로 상자를 열었습니다.

WRONG: She heard the news from telephone.
RIGHT: She heard the news **by** telephone.
그녀는 그 소식을 전화로 들었습니다.

> ⑥ 수반, 동반 (*with*)

I like coffee **with** cream and sugar.
나는 크림과 설탕이 든 커피를 좋아합니다.

He went to the library **with** his girl friend.
그는 그의 여자 친구와 함께 도서관에 갔습니다.

WRONG: We will always stay around you no matter what happens.
RIGHT: We will always stay **with** you no matter what happens.
우리는 무슨 일이 일어나더라도 당신과 함께 있을 것입니다.

> ⑦ 목적 (*for*)

She went to Safeway for some groceries.
그녀는 약간의 식료품들을 사러 Safeway에 갔습니다.

Tom went to his teacher for some help.
Tom은 약간의 도움을 얻으러 그의 선생님에게 갔습니다.

WRONG: These animals migrated south of food and better climate.

RIGHT: These animals migrated south **for** food and better climate.
이 동물들은 음식과 더 나은 기후를 찾아 남쪽으로 이주했습니다.

> ⑧ 계량 단위 (*by, of*)

We buy beef by the pound.
우리는 파운드 단위로 소고기를 삽니다.

Could I have a quart of milk?
우유 1쿼트 살 수 있을까요?

※ **quart** 쿼트 (액체양의 단위. 영국, 캐나다에서는 2파인트(pint) 또는 약 1.14리터, 미국에서는 0.94리터)

WRONG: This farmer sells his corns of sacks.

RIGHT: This farmer sells his corns **by** sacks.
이 농부는 그의 옥수수들을 자루 단위로 팝니다.

3, PRACTICE TEST

Test 1. SENTENCE COMPLETION: Choose the CORRECT answer.

1. Every summer I would go to live _____ for a month.

   A. on my grandpa's snake farm
   B. at my grandpa's snake farm

2. The two little girls divided the big cake _____.

   A. between themselves
   B. among themselves

3. I am sorry I can't go with you tonight because I have a lot of things to _____.

   A. take care   B. take care of

4. We do look forward _____ you in New York if you decide to come back for the holidays.

   A. to see   B. to seeing

5. Since everybody is born equal, we should never _____ those who are poor and unfortunate.

   A. look down   B. look down upon

Test 2. SENTENCE CORRECTION: Choose the INCORRECT word or phrase and CORRECT it.

1. My grandpa lives in a snake farm in Arizona.

2. This store sells flour for the pound.

3. Do you think that Jack walks as his father?

4. These artifacts were made from the Indians.

5. There is a big hole on the wall.

ANSWER KEY

Test 1

1. **A** 매년 여름, 나는 한 달 동안 나의 할아버지의 뱀 농장으로 살러 갑니다.
2. **A** 그 두 작은 소녀들은 큰 케이크를 자기들끼리 나누었습니다.
3. **B** 오늘 처리해야할 일이 많이 있기 때문에 당신과 같이 갈 수 없어서 미안합니다.
4. **B** 만약 당신이 휴일들을 보내러 다시 오기로 결정한다면 우리는 당신을 New York에서 보기를 기대합니다.
5. **B** 모든 사람은 평등하게 태어났기 때문에, 우리는 절대로 가난한 사람들이나 불운한 사람들을 업신여기면 안 됩니다.

Test 2

1. My grandpa lives **on** a snake farm in Arizona.
   나의 할아버지는 Arizona의 뱀 농장에서 삽니다.

2. This store sells flour **by** the pound.
   이 가게는 밀가루를 파운드 단위로 팝니다.

3. Do you think that Jack walks **like** his father?
   당신은 Jack이 그의 아버지처럼 걷는다고 생각합니까?

4. These artifacts were made **by** the Indians.
   이 공예품들은 인디언들에 의해 만들어졌습니다.

5. There is a big hole **in** the wall.
   벽 안에 큰 구멍이 있습니다.

Point 43 전치사와 전치사구에서 많이 하는 실수들

1. ERROR EXAMPLE

WRONG: As always, we welcome comments and suggestions from readers, and we look forward hearing what you think of this new product.

RIGHT: As always, we welcome comments and suggestions from readers, and we **look forward to** hearing what you think of this new product.

늘 그렇듯, 우리는 독자들로부터의 지적과 제안들을 환영하며, 이 새 제품에 대해 여러분이 생각하는 것을 듣기를 고대합니다.

2. GRAMMAR POINT

★ TOEIC에서 가장 많이 출제되는 나오는 전치사 문제들

> ① Between과 among
> *between*은 2개의 명사 사이, *among*은 3개의 명사 사이

Managers have to strike a balance **between** expenditure and efficiency and **between** the cost of anticipation and that of repair.

관리자들은 지출과 효율 사이 그리고 기대 비용과 수리 비용 사이의 균형을 맞추어야만 합니다.

There was a perceptible gap in response **among** the foreign community in Tokyo and the Japanese, with a higher sense of calm **among** the latter.
동경의 외국인 공동체와 일본인들 사이의 대응에는 눈에 띄는 차이가 있었는데, 후자 사이에 침착함이 더 높았습니다.

WRONG: John Obama is the tallest between the boys in my class.

RIGHT: John Obama is the tallest **among** the boys in my class.
John Obama가 우리 반 소년들 사이에서 가장 키가 큽니다.

---

② But과 except
같은 용법. 단, *except*와 *excepting/exception*은 절대 혼동하지 말 것

Nobody **but** idiots will believe that they will come to help us.
바보들을 제외한 누구도 그들이 우리들 도우러 올 것이라고 믿지 않을 것입니다.

They all sat down in the ditch, **except** children, to recover from the shock.
그들은 모두 어린이들을 제외하고, 충격으로부터 회복하려고, 배수로 안에 앉았습니다.

WRONG: No one excepting Cathy knows much about our secret.

RIGHT: No one **but** Cathy knows much about our secrets.
Cathy는 제외하고 누구도 우리의 비밀들에 관해 많이 알지 못합니다.

> ③ Instead of와 instead
>
> *instead of*와 *instead*를 절대 혼동하지 말 것.
> *instead of*는 전치사구, *instead*는 부사

He changed his mind to go fishing. **Instead**, he will go hiking in the mountain.
그는 낚시 가려는 그의 마음을 바꿨습니다. 대신, 그는 산으로 하이킹을 갈 것입니다.

They have decided to settle down in San Francisco **instead of** Seattle.
그들은 시애틀 대신 샌프란시스코에서 정착하기로 결정했습니다.

WRONG: But more than half revealed that they intended to send an electronic greeting card, instead a traditional one.

RIGHT: But more than half revealed that they intended to send an electronic greeting card, **instead of** a traditional one.
그러나 절반 이상이 그들은, 전통적인 것 대신에 전자 연하장을 보낼 의향이라고 밝혔습니다.

3. PRACTICE TEST

Test 1: SENTENCE COMPLETION: Choose the CORRECT answer.

1. He always looks up to those who are senior to him in rank and _____ those who are junior to him in rank.

   A. looks down at

   B. looks down upon

2. To lead a well-balanced life, you need _____.

   A. to have other interests beside studying

   B. to have other interests besides studying

3. The boys will go to Disney Park _____.

   A. instead of Whistler Ski Resort

   B. instead Whistler Ski Resort

4. We like all the gifts _____ the Black Vase.

   A. but   B. but for

5. This girl is the tallest _____ the girls in our class.

   A. between   B. among

Test 2. SENTENCE CORRECTION: Choose the INCORRECT word or phrase and CORRECT it.

1. The next performance begins in dusk.

2. These toys are made with the Indians living in Northern Alberta.

3. Joyce is quite satisfied by her new apartment downtown.

4. The students are bored for sitting all day in the classroom

5. What time do you think you will arrive to Boston?

ANSWER KEY

Test 1

1. **B** (여기에서는 look down upon을 사용해야 함. look down upon: 사람을 우습게 보다. look down at: ~을 내려다 보다) 그는 언제나 그보다 직급이 높은 사람들은 우러러 보지만, 직급이 낮은 사람들은 업신여깁니다.

2. **B** (besides: 그 외에, 추가하여. beside와 절대 혼동하지 말 것) 균형이 잘 잡힌 생활을 영위하기 위하여, 당신은 공부하는 것 외에 다른 취미들을 가져야만 합니다.

3. **A** 남자아이들은 Whistler Ski Resort 대신 Disney Park에 갈 것입니다.

4. **A** 우리는 Black Base를 제외한 모든 선물들을 좋아합니다.

5. **B** 이 소녀는 우리 반의 소녀들 중에서 가장 키가 큽니다.

Test 2

1. The next performance begins **at** dusk.
   다음 공연은 황혼녘에 시작합니다.

2. These toys are made **by** the Indians living in Northern Alberta.
   이 장난감들은 북부 앨버타에 사는 인디언들에 의해 만들어 집니다.

3. Joyce is quite satisfied **with** her new apartment downtown.
   Joyce는 시내의 새 아파트에 매우 만족합니다.

4. The students are bored **with** sitting all day in the classroom.
   학생들은 하루 종일 교실에 앉아 있는 것에 진력이 납니다.

5. What time do you think you will arrive **in** Boston?
   당신은 언제 Boston에 도착할 것으로 생각합니까?

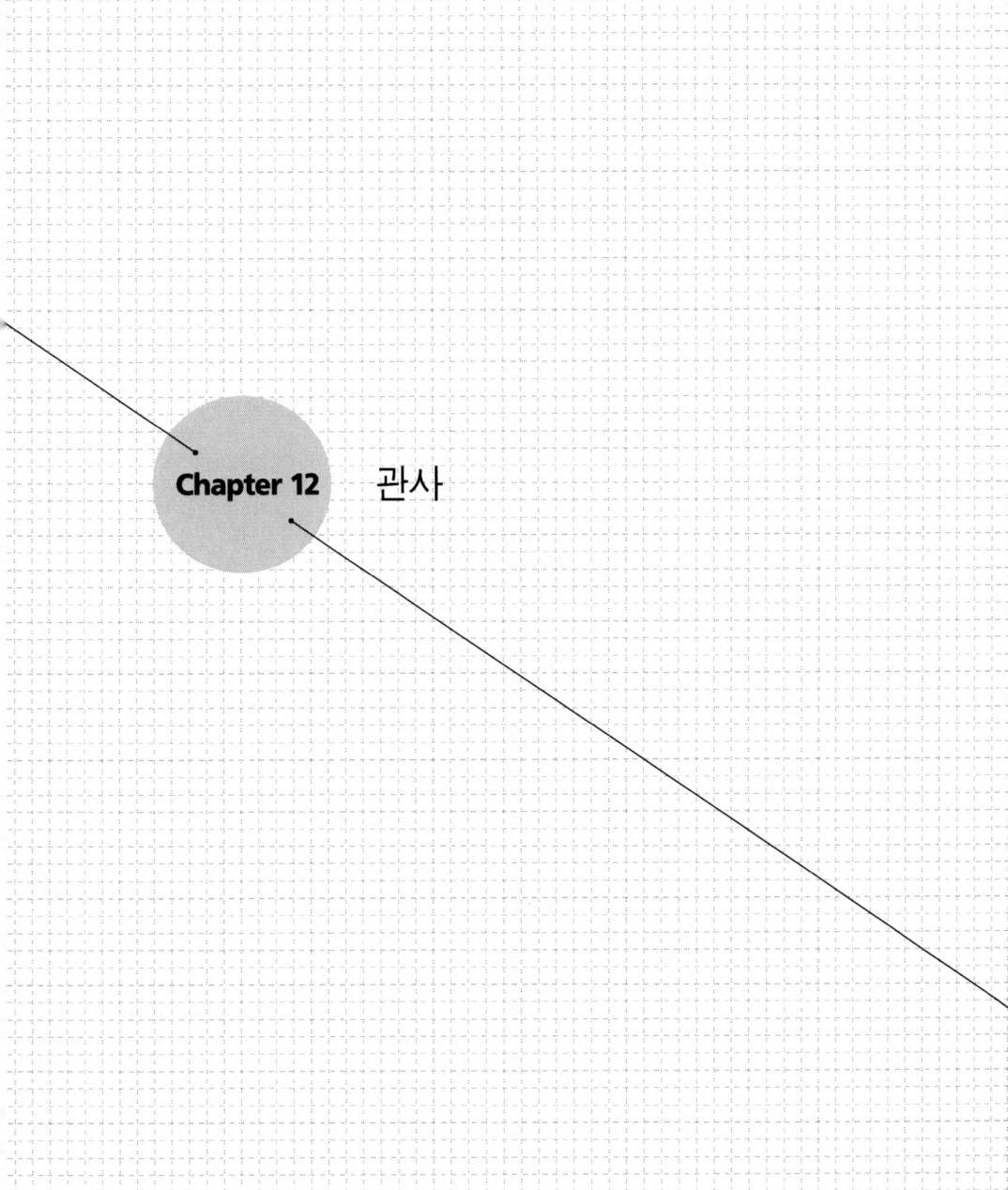

Chapter 12 관사

Point 44 관사의 올바른 용법

1. ERROR EXAMPLE

WRONG: That's such a deep question. Yeah. Is a virtual world likely to be an Utopia, would be one way I'd say it.

RIGHT: That's such a deep question. Yeah. Is a virtual world likely to be **a** Utopia, would be one way I'd say it.
그것은 꽤 심도 있는 질문입니다. 그래요. 가상 세계가 유토피아가 될 수 있는가, 한 방법은 될 수 있으리라고 나는 말하고 싶습니다.

2. GRAMMAR POINT

★ 영어에는, 부정관사와 정관사가 있음

★ 부정관사 a와 an의 기본적인 차이:
  a는 자음 앞, an은 모음 a, e, e, o, u 앞

I saw **a** rabbit in the park yesterday.
나는 어제 공원에서 토끼 한 마리를 보았습니다.

Mary just bought **a** copy of the new Riverside Shakespeare.
Mary는 새 리버사이드 판 셰익스피어 한 권을 방금 샀습니다.
※ Riverside Shakespeare: 리버사이드 판 셰익스피어 전집

The old man talked with me for about **an** hour and half.
그 노인네는 한 시간 반 정도 나하고 이야기했습니다.

Life is **an** infinite journey to the unknown.
인생은 미지에로의 무한한 여행입니다.

WRONG: It is an universal fact that we have only one earth.
RIGHT: It is **a** universal fact that we have only one earth.
우리에게 하나의 지구밖에 없다는 것은 우주적인 사실입니다.

⭐ 정관사 the는 우리가 이미 알고 있는 것들을 지칭하는 명사의 단수 또는 복수형과 함께 사용됨.

Seattle is one of **the** most beautiful cities in the United States.
Seattle은 미국에서 가장 아름다운 도시들 중의 하나입니다.

A stranger attempted to abduct the little girl near **the** school.
한 낯선 사람이 그 학교 근처에서 작은 소녀를 납치하려고 시도하였습니다.

The professor from MIT spoke about his new design yesterday.
MIT에서 온 그 교수는 그의 새로운 설계에 대해 어제 연설했습니다.

WRONG: Michael Blake is a player you can count on for success.
RIGHT: Michael Blake is **the** player you can count on for success.
Michael Blacke는 당신이 성공할 것으로 믿을 수 있는 그 연주자입니다.

3. PRACTICE TEST

Test 1. SENTENCE COMPLETION: Choose the CORRECT answer.

1. The scholarship that Philip received to study finance at Harvard University presented _____.

   A. a unique opportunity
   B. an unique opportunity

2. _____ responds to a wide range of frequencies.

   A. An human ear
   B. A human ear

3. Vancouver is _____ of dreams for new immigrants.

   A. the city   B. a city

4. The farm workers have to work more than ten hours a day except for _____ hour for lunch break during the summer.

   A. a   B. an

5. The earth travels at _____ high rate of speed around _____ sun.

   A. the, the   B. a, the

Test 2. SENTENCE CORRECTION: Choose the INCORRECT word or phrase and CORRECT it.

1. We went to the store and bought new stove.

2. It is always difficult to make the decisions.

3. She doesn't have understanding of the subject yet.

4. Dogs make the good pets.

5. The honesty is a virtue.

ANSWER KEY

Test 1

1. **A** Philip이 Harvard 대학에서 재무를 연구하기 위해 받은 장학금은 독특한 기회를 제공했습니다.
2. **B** 인간의 귀는 광범위한 주파수들에 반응합니다.
3. **B** Vancouver는 새로운 이민자들을 위한 꿈의 도시입니다.
4. **B** 농장의 작업자들은 여름에 점심 휴식 시간을 제외하고는 하루 10시간 이상을 일해야만 합니다.
5. **B** 지구는 태양 주위를 높은 비율의 속도로 이동합니다.

Test 2

1. We went to the store and bought **a** new stove.
   우리는 상점으로 가서 새 난로를 하나 샀습니다.

2. It is always difficult to **make decisions**.
   결정들을 내리는 것은 언제나 어렵습니다.

3. She doesn't have **an** understanding of the subject yet.
   그녀는 그 주제를 하나도 이해하지 못합니다.

4. Dogs make **good pets**.
   개들은 좋은 애완동물들입니다.

5. **Honesty** is a virtue.
   정직은 하나의 미덕입니다.

Point 45: 관사를 혼동하지 말 것: 특정한 것과 일반적인 것의 구별

1. ERROR EXAMPLE

WRONG: Channel 4 said an experiment had a scientific purpose and had not been done for sensationalism.

RIGHT: Channel 4 said **the** experiment had a scientific purpose and had not been done for sensationalism.
Channel 4는 그 실험이 과학적인 목적을 가지고 있었고 선정주의를 위해 행해진 것이 아니라고 말했습니다.

2. GRAMMAR POINT

★ 부정관사 a, an 그리고 정관사 the는 둘 다 단수 명사 앞에서 사용될 수 있지만,

★ 정관사 the는 무엇인가 특정한 것 또는 우리가 이미 알고 있는 어떤 것을 지칭하는 반면에,

★ 부정관사 a, an은 불특정한 어떤 것 또는 우리가 정확하게 알지 못하는 어떤 것을 지칭함.

Everyone should have **an** equal opportunity to receive a college education.
모두는 대학 교육을 받을 동등한 기회를 가져야만 합니다.

The dog I saw in the park was **a** German shepherd.
내가 공원에서 본 그 개는 독일 셰퍼드였습니다.

Her parents gave her **an** electric cooker for her birthday.
그녀의 부모는 그녀의 생일에 전기 쿠커를 그녀에게 주었습니다.

The man who fixed my bike charged me only ten dollars.
나의 자전거를 고쳐준 그 남자는 나에게 10달러만 청구했습니다.

This is **the** girl I have been dreaming about all my life.
이 사람은 내가 평생 꿈꿔왔던 소녀입니다.

WRONG: Dr. Edward Johnson, the Dean of our college, is a person I want to see this afternoon.

RIGHT: Dr. Edward Johnson, the Dean of our college, is **the** person I want to see this afternoon.
우리 대학의 학장, Edward Johnson박사는 오늘 오후 내가 보기를 바라는 사람입니다.
※ dean (대학의) 학과장

WRONG: We went crab fishing on the chartered boat near Georgia Strait last Sunday.

RIGHT: We went crab fishing on **a** chartered boat near Georgia Strait last Sunday.
우리는 지난 일요일 Georgia 해협 부근으로 전세 보트를 타고 게 낚시를 갔습니다.
※ charter 전세 내다
※ strait 해협

3. PRACTICE TEST

Test 1. SENTENCE COMPLETION: Choose the CORRECT answer.

1. Soil is composed of _____ organic matter called humus and inorganic matter derived from rocks.
   A. the mixture of
   B. a mixture of

2. A professor from Yale University will be giving _____ at the Student Union building on Friday.
   A. a speech
   B. the speech

3. I went to the bookstore and bought _____.
   A. the new iPad
   B. a new iPad

4. It is always difficult to make _____ decision.
   A. a good
   B. the good

5. The hero was an outstanding man with excellent qualities, and the celebrity is _____ person with an enviable reputation.
   A. an average
   B. a average

Test 2. SENTENCE CORRECTION: Choose the INCORRECT word or phrase and CORRECT it.

1. Alvin is a monitor of our English class.

2. Seattle is considered only city in the North West that has the best climate.

3. My hometown is a place that has four clear seasons.

4. The university is where we can receive a more advanced education.

5. My grandpa's Snake Farm is a most exciting place I have ever been to.

ANSWER KEY

Test 1

1. **B** (특정한 것이 언급되지 않고 있기 때문에 부정관사 a 사용) 흙은 부식토라고 하는 유기질과 바위들에서 나온 무기질로 구성되어 있습니다.

   ※ humus 부엽토, 부식토

2. **A** (연설이 우리에게 특정되어 알려지지 않은 것이기 때문에 부정관사 a 사용) Yale 대학의 교수가 금요일 Student Union 건물에서 연설을 할 것입니다.

3. **B** 나는 그 서점에 가서 새 iPad를 하나 샀습니다.

4. **A** 좋은 결정을 하는 것은 언제나 어렵습니다.

5. **A** 그 영웅은 탁월한 자질들을 가진 월등한 사람이었고, 그 유명인사는 부러워할 만한 명성을 가진 평균적인 사람입니다.

   ※ celebrity 유명 인사

Test 2

1. Alvin is **the** monitor of our English class.
   Alvin은 우리 영어반의 반장입니다.

2. Seattle is considered **the** only city in the North West that has the best climate.
   Seattle은 북서에서 최고의 기후를 가진 단 하나의 도시로 생각됩니다.

3. My hometown is **the** place that has four clear seasons.
   내 고향은 사계절이 분명한 곳입니다.

4. **A** university is where we can receive a more advanced education.
   대학은 우리가 보다 향상된 교육을 받을 수 있는 장소입니다.

5. My grandpa's Snake Farm is **the** most exciting place I have ever been to.
   나의 할아버지의 뱀 농장은 내가 가본 곳 중에서 가장 흥미진진한 곳입니다.

Part II

TOEIC 필수 단어

필수단어 요약노트

A

Abandon	버리다, 포기하다
Academic	학교의, 학업의, 학문의
Accelerate	가속하다
Adversity	역경
Aggressive	공격적인
Ambiguous	모호한
Anonymous	익명의
Apprehensive	걱정되는, 불안한
Artful	교묘한
Atheist	무신론자
Attribute	(동사) ~에 따른 결과로 보다
Attribute	(명사) 속성
Authentic	진품인, 진짜인

B

Banter	정감 어린 농담
Biased	편향된, 선입견이 있는
Bizarre	기이한, 특이한
Bog	늪지, 수렁

C

Candid	솔직한
Chronic	고질적인
Civil	시민의, 민간의, 예의 바른, 정중한
Coalition	연립, 연합, 동맹
Collusion	공모, 결탁
Compatible	호환이 되는, 양립하는
Compensation	보상
Complacent	자기만족적인
Condole	문상하다, 조의를 표하다
Condone	용납하다
Consensus	의견 일치, 합의
Cosmopolitan	(명사) 세계인
Cosmopolitan	(형용사) (문화의 다양성 면에서) 세계적인
Crass	무신경한
Credible	신뢰할 수 있는
Creditable	칭찬할 만한
Curt	퉁명스러운

D

Delinquent	(명사) 범죄자 (특히 청소년)
Delinquent	(형용사) 의무를 수행하지 못한, 체납한
Demeanor	처신, 행실

Denounce	맹렬히 비난하다
Depreciate	가치를 떨어뜨리다, 평가절하하다
Devious	많이 둘러 가는, 직선 도로가 아닌, 정도에서 벗어난, 기만적인
Devout	독실한
Dilemma	딜레마, 진퇴양난
Distraught	(흥분해서) 제정신이 아닌
Diverse	다양한
Divulge	비밀을 알려주다, 누설하다
Dynamic	정력적인, 활발한

E

Edify	교화시키다, (의식을) 고양하다
Ejaculate	외치다
Engender	낳다, 불러일으키다
Erratic	불규칙한, 일정치 않은, 변덕스러운
Exceptionable	비난의 여지가 있는, 바람직하지 않은
Exemplary	모범적인
Exotic	이국적인
Exploit	(동사) 착취하다
Exploit	(명사) 위업, 공적
Extinct	멸종된

F

Facade	(건물의) 정면[앞면]
Feasible	실현 가능한
Fetish	주물, 숭배의 대상, 맹목적 숭배
Fictitious	허구의, 지어낸
Flaunt	과시하다
Fleeting	순식간의, 잠깐 동안의
Fluctuate	변동을 거듭하다
Frustrate	방해하다, 좌절시키다

G

Garnish	(요리에) 고명을 얹다
Gregarious	남과 어울리기 좋아하는, 군집하는

H

Hail	환호하며 맞이하다
Hoax	(명사) (특히 불쾌한 일에 대한) 거짓말[장난질]
Hoax	(동사) 거짓말[장난질]을 하다
Hypothesis	가설, 추정, 추측

I

Idiosyncrasy	특이한 성격[방식], 성벽, 별스러운 점
Immaculate	티 하나 없이 깔끔한[깨끗한]
Immune	…의 영향을 받지 않는, …에 면역이 된, …에서 면제된
Impeccable	흠잡을 데 없는
Impervious	…에 영향 받지[휘둘리지] 않는
Implicit	암시된, 내포된, 절대적인, 무조건적인
Import	(명사) 중요성
Incisive	예리한, 날카로운

J

Jargon	(특정 분야의) 전문·특수 용어
Jeopardy	위험
Judicious	신중한, 판단력 있는

L

Latent	잠재하는, 잠복하는
Lavish	풍성한, 호화로운
Lethal	치명적인
Longevity	장수, 오래 지속됨
Low	소가 낮은 소리로 음메 하고 울다
Lucid	명쾌한, 명료한

Ludicrous	웃기는, 터무니없는

M

Malicious	악의적인, 적의 있는
Mediocre	보통밖에 안 되는, 썩 좋지는 않은
Monologue	독백
Mundane	세속적인, 재미없는, 일상적인
Murky	흐린, 탁한
Mutable	변할 수 있는, 잘 변하는
Myriad	무수한, 무수히 많은

N

Nautical	선박의, 해상의
Notorious	악명이 높은
Novice	초보자

O

Oblivious	의식하지 못하는
Obsession	강박상태, 집착
Obsolete	더 이상 쓸모가 없는, 한물간, 구식의
Obtrusive	(보기 싫게) 눈에 띄는[두드러지는]
Ostracize	배척하다, 외면하다

P

Paradox	역설적인 사람[것/상황]
Paraphrase	(특히 이해를 더 쉽게 하기 위해) 다른 말로 바꾸어 표현하다
Parody	풍자, 패러디
Perverse	(사고방식·태도가) 비뚤어진[삐딱한]
Petrify	겁에 질리게 만들다
Plagiarism	표절
Platitude	진부한 이야기[의견]
Prestige	위신, 명망
Predatory	약탈적인, 포식성의
Prelude	서곡, 전주곡
Presumption	추정, 주제넘음, 건방짐
Procrastinate	미루다, 질질 끌다
Prognosticate	예지하다, 예측하다
Provisional	임시의, 잠정적인
Proximity	가까움, 근접

Q

Quash	파기하다, 진압하다, 억압하다

R

Radical	(명사) 급진주의자, 과격파
Radical	(형용사) 급진적인, 과격한
Ramification	분맥, 분파, (복수형) 파문, 영향
Refute	반박하다, 논박하다
Reiterate	반복하다
Renegade	변절자, 배교자
Respite	일시적 중단, 유예
Resilient	탄력 있는, 충격·부상 등에 대해 회복력 있는
Retribution	응징, 징벌
Retrieve	수습하다, 회수하다, 되찾다

S

Satellite	유명인 주변을 맴도는 사람, 위성 국가, 위성
Sporadic	간헐적인
Spurn	퇴짜 놓다, 일축하다
Stringent	엄중한

T

Tangible	분명히 실재하는[보이는], 유형(有形)의
Tantamount	(나쁜 효과가) ~와 마찬가지의[~에 상당하는]
Taunt	(동사) 놀리다, 비웃다, 조롱하다

Taunt	(명사) 놀림, 비웃음, 조롱
Teeming	바글거리는, 충만한
Tranquil	고요한, 평온한
Trivial	사소한, 하찮은

V

Vanquish	(경쟁·전쟁 등에서) 완파하다
Vaunt	허풍 떨다
Versatile	다재다능한

W

Whim	일시적인 기분, 변덕

Z

Zealous	열성적인

필수단어 A to Z

A

Abandon
To give up completely 버리다, 포기하다
(예) *abandoned* the sinking ship
(동의어) relinquish, forgo, forsake

Academic
Pertaining to school 학교의, 학업의, 학문의
(예) theoretical *academic* interest; an *academic* discussion, with no practical implications
(동의어) scholastic

Accelerate
To quicken, speed up 가속하다
(예) took an *accelerated* course in order to graduate early
(동의어) expedite (형용사는 expeditious)
(반의어) retard

Adversity
Misfortune 역경
(예) calm in the face of *adversity*.
(동의어) affliction 고통, mischance 불운, reverses 좌절, 실패

Aggressive
Self-assertive, attacking, offensive 공격적인
(예) annoyed people by his *aggressive* attitude
(명사는 Aggression으로 an unprovoked attack의 의미임)
(동의어) bumptious 잘난 체하는, 건방진,

Part II TOEIC 필수 단어   339

officious 거들먹거리는, 위세 부리는, obtrusive 주제 넘는
(반의어) meek, humble, retiring 남과 잘 어울리지 않는, 내성적인, diffident 소심한

Ambiguous Uncertain, vague, capable of being interpreted in more than one way 모호한
(예) puzzled by the *ambiguous* statement.
(동의어) hazy, obscure, equivocal 모호한, 애매한, dubious, nebulous 흐릿한, 모호한
(반의어) explicit, unquestionable

Anonymous Of unknown authorship 익명의
(예) an *anonymous* publication.

Apprehensive Fearful 걱정되는, 불안한
(예) Being unprepared, John is *apprehensive* of the examination. (동사는 Apprehend)

Artful Sly, crafty 교묘한
(예) attained his mean objective by *artful* measures.
(동의어) cunning, wily, adroit, ingenious 기발한, guileful
(반의어) guileless, ingenuous 순진한, 천진한, artless

Atheist One who denies that God exists 무신론자
(예) The *atheist* declined, "There is no God."
(동의어) infidel 신앙심이 없는 자, agnostic 불가지론자, sceptic 회의론자

Attribute (동사) Assign ~에 따른 결과로 보다
(예) *attributed* his success to hard work.
(동의어) ascribe ~의 탓으로 돌리다

Attribute (명사) An inherent quality 속성
(예) Generosity was his outstanding *attribute*.

Authentic Genuine 진품인, 진짜인
(예) proved to be an *authentic* document
(동의어) veritable 진정한, bona fide 진실된, 진짜의
(반의어) apocryphal 출처가 불분명한, counterfeit, spurious 거짓된, 그럴싸한, bogus

B

Banter Good-natured teasing or ridicule 정감 어린 농담
(예) The two wits exchanged *banter*, to the amusement of the audience.
(동의어) raillery 악의 없는 농담, chaff 친근하게 놀리다

Biased Prejudiced 편향된, 선입견이 있는
(예) misled by a *biased* point of view
(동의어) bigoted 편견이 심한, arbitrary 임의적인, 제멋대로, partial 편애하는, partisan 편파적인
(반의어) disinterested 사심이 없는, 객관적인, equitable 공정한, 공평한

Bizarre   Queer, unusual in appearance 기이한, 특이한
(예) *bizarre* clothes, outlandish in the extreme
(동의어) odd, fantastic, grotesque, eccentric

Bog   A swamp 늪지, 수렁
(예) sank into the spongy *bog*
(동의어) morass 늪, fen 늪지, 소택지, quagmire 수렁, mire 진창

C

Candid   Frank, outspoken, impartial 솔직한
(예) a *candid* reply that could hardly be more forthright
(명사는 Candor)
(동의어) artless, ingenuous, unbiased
(반의어) guileful, evasive

Chronic   Continuing a long time, habitual 고질적인
(예) a *chronic* complaint, persisting for years
(동의어) persistent, unremitting 끊임없는, inveterate 상습적인, 고질적인, incessant 끊임없는, constant
(반의어) intermittent 간헐적인, sporadic 산발적인, infrequent 드문

Civil   1. Of or having to do with citizens or the state
시민의, 민간의
(예) We have *civil* duties as well as *civil* liberties.

2. Polite, courteous 예의 바른, 정중한
   (예) answered in a *civil* fashion
   (동의어) respectful, gracious

Coalition Alliance, merging of various units into one unit
연립, 연합, 동맹
(예) three parties forming a *coalition* to rule the country
(동사는 Coalesce)
(동의어) amalgamation 합동, 합병, consolidation 합동, 합병, fusion 융합

Collusion Working together secretly for an evil purpose
공모, 결탁
(예) acted in *collusion* to overthrow the government
(동의어) collaboration, conspiracy, conniving 음해, machination

Compatible Harmonious, able to get along together
호환이 되는, 양립하는
(예) parted company because they were not *compatible*
(동의어) congruous 일치하는, 조화하는, consistent
(반의어) incongruous, discordant, incompatible

Compensation Payment for services 보상
(예) just *compensation* for his labor

(동의어) stipend 봉급, 급료, remuneration 보수, recompense 보상, emolument 보수

Complacent Self-satisfied 자기만족적인
(예) looked on his own performance with a *complacent* smile
(동의어) smug 우쭐해 하는

Condole To express sympathy with another in sorrow, pain, or misfortune 문상하다, 조의를 표하다
(예) *condoled* with each other in their grief
(명사는 Condolence)
(동의어) commiserate 위로를 표하다, show compassion, solace

Condone To forgive or overlook (an offense) 용납하다
(예) *condoned* the deed, in view of the offender's age
(동의어) extenuate 정상을 참작하다, palliate 증상을 완화시키다, mitigate 완화시키다, gloss 얼버무리다

Consensus General agreement 의견 일치, 합의
(예) The *consensus* of the committee was that no action should be taken.
(동의어) accord

Cosmopolitan (명사) One who is at home in all countries 세계인
(예) A *cosmopolitan* can feel at ease anywhere in the world.

Cosmopolitan (형용사) Free from local prejudices (문화의 다양성 면에서) 세계적인
(예) a world-wide traveler, *cosmopolitan* in tastes and attitudes.
(동의어) Catholic 보편적인, 폭이 넓은
(반의어) parochial 편협한, 지역적인, provincial 지방의

Crass Coarse and stupid 무신경한
(예) displayed *crass* ignorance
(동의어) gross

Credible Worthy of belief 신뢰할 수 있는
(예) a *credible* story, true to life
(반의어) incredible 신뢰할 수 없는

Creditable Deserving or reflecting credit or honor 칭찬할 만한
(예) applauded for his *creditable* performance
(동의어) praiseworthy, meritorious 칭찬할 만한, commendable
(반의어) discreditable, infamous, opprobrious 모욕적인, 상스러운, ignominious 수치스러운, 창피한

Curt Rudely abrupt 퉁명스러운
(예) offended by the *curt* response
(동의어) blunt, brusque, bluff
(반의어) affable, civil

D

Delinquent (명사) An offender 범죄자 (특히 청소년)
(예) found to be a *delinquent* by the court

Delinquent (형용사) Failing to fulfil an obligation 의무를 수행하지 못한, 체납한
(예) too many people who are *delinquent* in meeting their civic duties
(동의어) derelict 버려진, 유기된

Demeanor Behavior, bearing 처신, 행실
(예) carrying himself with a proud *demeanor*
(동의어) deportment 몸가짐, mien 태도

Denounce To speak against 맹렬히 비난하다
(예) *denounced* by the press as a traitor
(명사는 Denunciation)
(동의어) stigmatize 오명을 씌우다, 낙인찍다, censure 질책하다, reprehend 꾸짖다, castigate 혹평하다
(반의어) laud 칭송하다, eulogize 칭송하다

Depreciate To belittle or speak slightingly of 가치를 떨어트리다, 평가절하하다
(예) *depreciated* John's acting ability
(동의어) disparage 폄하하다, derogate 폄하하다
(반의어) enhance, magnify, extol 극찬하다, laud, eulogize

Devious
1. Winding, indirect 많이 둘러 가는, 직선 도로가 아닌
(예) took a *devious*, rather than the direct way home
(동의어) circuitous

2. Straying from the right course 정도에서 벗어난, 기만적인
(예) used *devious* means to attain his wicked ends.
(동의어) crooked, erring

Devout
Devoted to religious observances 독실한
(예) *devout* in his regularity of attendance at worship
(동의어) pious, religious
(반의어) impious

Dilemma
A situation calling for a choice between two equally difficult alternatives, hence, a difficult or perplexing situation 딜레마, 진퇴양난
(예) faced with a *dilemma* defying solution
(동의어) predicament 곤경, 궁지, quandary 진퇴양난, plight 역경, 곤경

Discrete
Separate 별개의
(예) two *discrete* issues, totally unrelated

Distraught
Mentally distressed, distracted 흥분해서 제정신이 아닌
(예) *distraught* by trials and tribulations
(동의어) harassed 시달리는

Diverse　Varied, different 다양한
(예) two *diverse* characters, one candid, the other insincere (동사는 Diversify, 명사는 Diversity)
(동의어) multifarious 다양한, 다채로운

Divulge　To make public or reveal 비밀을 알려주다, 누설하다
(예) refused to *divulge* his source of information
(동의어) disclose, impart 지식, 정보 등을 전하다

Dynamic　Forceful 정력적인, 활발한
(예) possessed *dynamic* energy, tireless and powerful
(동의어) energetic
(반의어) static 고정된, 정적인, inert 기력이 없는, dormant 휴면기의, torpid 무기력한, sluggish 느릿느릿한, quiescent 잠잠한

E

Edify　To instruct or uplift, particularly in morals or religion 교화시키다, 의식을 고양하다
(예) a story that *edifies* the reader, as well as entertains him

Ejaculate　To exclaim or utter suddenly 외치다
(예) *ejaculated* cry of horror

Engender　To cause, produce, or stir up 낳다, 불러일으키다
(예) an act that *engendered* good will

Erratic Irresponsible, eccentric, lacking a fixed purpose
불규칙한, 일정치 않은, 변덕스러운
(예) *erratic* behavior, reflecting his queer ideas

Exceptionable Objectionable 비난의 여지가 있는, 바람직하지 않은
(예) *exceptionable* behavior, universally criticized
(동의어) questionable, reprehensible, censurable
(반의어) laudable

Exemplary Serving as a model, commendable 모범적인
(예) *exemplary* conduct approved by all
(명사는 Exemplar)
(동의어) illustrative, typical, praiseworthy, laudable

Exotic Strange and foreign 이국적인
(예) an *exotic* costume imported from Asia

Exploit (동사) To use for one's selfish purpose 착취하다
(예) refugees *exploited* by unscrupulous employers

Exploit (명사) A brilliant deed 위업, 공적
(예) lauded for his *exploits* in science
(동의어) feat 위업, 개가

Extinct No longer existing or active 멸종된
(예) the *extinct* dinosaur, alive only in history
(동의어) defunct 현존하지 않는, 사용되지 않는
(반의어) extant 현존하는, 잔존하는

F

Facade Front or face, especially of a building (건물의) 정면[앞면]
(예) *Facade* of marble.

Feasible Workable 실현 가능한
(예) a *feasible* plan, proved practical by previous experience
(반의어) impracticable

Fetish 1. Something that is believed to have magical powers 주물, 숭배의 대상
(예) savages worshipping the *fetish* in a ceremonial dance
(동의어) charm, talisman 부적, amulet 부적

2. An object of unreasoning devotion and worship 맹목적 숭배
(예) Photography, begun as a hobby, became a *fetish*.

Fictitious Unreal, made-up 허구의, 지어낸
(예) used a *fictitious* name to avoid being recognized
(동의어) fabricated 가공의

Flaunt Display or wave boastfully 과시하다
(예) *flaunted* the excellent report before his delighted parents.

Fleeting Passing swiftly 순식간의, 잠깐 동안의
(예) the *fleeting* hours of happiness
(동의어) transitory 일시적인, 덧없는, fugitive 일과성의

Fluctuate To waver from one course to another, to vary irregularly 변동을 거듭하다
(예) his mood *fluctuating* with every hour.
(동의어) oscillate 양극을 계속 오가다, vacillate 흔들리다, 자주 바뀌다, undulate 파도 모양을 이루다, 기복을 이루다, sway 흔들리다

Frustrate To prevent (the attainment of an object), to defeat or render ineffectual 방해하다, 좌절시키다
(예) His scholastic progress was *frustrated* by a serious illness.
(동의어) balk 멈칫하다, thwart 좌절시키다, foil 저지하다, baffle 당황하게 하다, obstruct, discomfit 혼란스럽게 만들다
(반의어) abet 사주하다, 방조하다

G

Garnish To trim or decorate 요리에 고명을 얹다
(예) dishes *garnished* attractively with greens.
(동의어) adorn, deck

Gregarious Habitually fond of associating in a company or herd 남과 어울리기 좋아하는, 군집하는
(예) *gregarious* sheep; that *gregarious* animal, man.
(반의어) lone, aloof

H

Hail
To greet 환호하며 맞이하다
(예) The crowd *hailed* the returning hero.
(동의어) accost 다가가 말을 걸다, salute

Hoax
(명사) A trick or deception, a practical joke (특히 불쾌한 일에 대한) 거짓말 [장난질]
(예) played a *hoax* upon the credulous public.
(동의어) canard 허위 보도, 유언비어

Hoax
(동사) To play a trick on, to deceive 거짓말[장난질]을 하다
(예) He *hoaxed* the crowd completely with his disguise.

Hypothesis
An assumption made for the sake of argument 가설, 추정, 추측
(예) worked from a fantastic *hypothesis*.
(동의어) supposition

I

Idiosyncrasy
A personal peculiarity 특이한 성격[방식], 성벽, 별스러운 점
(예) Wearing white was one of Whistler's *idiosyncrasies*.
(동의어) eccentricity, foible 기벽, mannerism, crotchet 광적인 생각, aberration 일탈, quirk 기벽, singularity

Immaculate
Spotless, pure 티 하나 없이 깔끔한[깨끗한]
(예) an *immaculate* reputation.
(동의어) undefiled 더럽혀지지 않은, unsullied 전혀

더럽혀지지 않은, unblemished 흠 하나 없는, untarnished 더러움이 없는
(반의어) defiled, sullied, blemished

Immune
Exempt from, protected from …의 영향을 받지 않는, …에 면역이 된, …에서 면제된
(예) *immune* from taxation (동사는 Immunize)
(동의어) unsusceptible 둔감한, ~에 물들지 않은

Impeccable
Faultless 흠잡을 데 없는
(예) performed with *impeccable* skill
(동의어) consummate 완성된, 완전한, irreproachable 나무랄 데 없는, unerring 틀림없는, infallible 결코 틀리지 않는
(반의어) culpable 과실이 있는, fallible

Impervious
Incapable of being penetrated …에 영향 받지[휘둘리지] 않는
(예) a mind *impervious* to new ideas
(동의어) impermeable 불침투성의, impenetrable
(반의어) permeable, pervasive 구석구석 스며드는

Implicit
1. Implied but not clearly expressed 암시된, 내포된
   (예) an *implicit* agreement
   (동의어) tacit 암묵적인, 무언의, implied
   (반의어) explicit 분명한, 명쾌한, 터놓고 말하는

2. Unquestioning 절대적인, 무조건적인
   (예) *implicit* confidence

Import   (명사) Meaning, significance or importance 중요성
(예) a matter of great *import*
(동의어) purport 요지, moment, consequence

Incisive   Cutting, penetrating 예리한, 날카로운
(예) *incisive* criticism
(동의어) sarcastic, mordant 신랄한, 통렬한, trenchant 통렬한, 신랄한, acute

J

Jargon   Confused, unintelligible, meaningless talk, special vocabulary used only by members of a group or trade (특정 분야의 전문·특수) 용어
(예) Variety, a newspaper written in theatrical *jargon*.
(동의어) gibberish, argot 은어, cant 유행어

Jeopardy   Danger 위험
(예) His life was in *jeopardy*.
(동의어) hazard, peril

Judicious   Wise, using or exhibiting good judgment 신중한, 판단력 있는
(예) a well-chosen plan, termed *judicious* by all
(동의어) discreet, politic 현명한, 신중한, discerning 안목이 있는

L

Latent Hidden, present but not fully developed 잠재하는, 잠복하는
(예) a *latent* talent that time will reveal
(동의어) dormant, quiescent, covert, potential
(반의어) apparent, patent

Lavish 1. Profuse or generous 풍성한
 (예) *lavish* in praise.
 (동의어) ample, superabundant
2. Given to extravagance 호화로운
 (예) a *lavish* spender.
 (동의어) prodigal, munificent 대단히 후한, magnanimous
 (반의어) parsimonious 인색한, niggardly 인색한, frugal, penurious 극빈한

Lethal Deadly 치명적인
(예) a *lethal* weapon.
(동의어) mortal, fatal

Longevity Prolonged duration of life 장수, 오래 지속됨
(예) a country remarkable for the *longevity* of its inhabitants

Low To bellow softly like cattle 소가 낮은 소리로 음메 하고 울다
(예) the *lowing* herd in the meadow
(동의어) moo

Lucid	Clear, transparent, easily understood 명쾌한, 명료한 (예) a *lucid* explanation of a difficult text *(동의어)* pellucid 투명한, perspicuous 명쾌한, intelligible, limpid 맑은, luminous, translucent *(반의어)* abstruse 난해한, obscure
Ludicrous	Ridiculous, producing laughter 웃기는, 터무니없는 (예) a *ludicrous* remark that set them all to roaring *(동의어)* mirthful 유쾌한, droll 우스꽝스러운, comical, absurd *(반의어)* doleful 애절한, lugubrious 침울한, dismal 음울한

M

Malicious	Bearing or acting with deliberate ill-will or spite 악의적인, 적의 있는 (예) hurting with *malicious* intent (명사는 Malice) *(동의어)* rancorous 원한이 있는, 악의에 불타는, malignant, malevolent, virulent 악의, vindictive 앙심을 품은 *(반의어)* benign
Mediocre	Average in quality 보통밖에 안 되는, 썩 좋지는 않은 (예) a *mediocre* performance, unworthy of his talents
Monologue	A speech by one person 독백 (예) The actor gave his views in a dramatic *monologue*. *(동의어)* soliloquy 독백 *(반의어)* colloquy: conversation between two

or more persons 2인 이상 사이의 대화, dialogue: conversation between two persons 두 사람 사이의 대화

Mundane Of, or pertaining to the world, as contrasted with the spirit 세속적인, 재미없는, 일상적인
(예) *mundane* affairs
(동의어) earthly, terrestrial, secular, temporal

Murky Dark, cloudy 흐린, 탁한
(예) a *murky* cavern
(동의어) dismal, tenebrous 어두운, 음침한, fuliginous 그을린, 어두침침한
(반의어) resplendent 눈부시게 빛나는, glowing, lustrous 윤기가 흐르는, luminous, fulgent 찬란한, coruscating 번뜩이는

Mutable Given to frequent change in nature, mood, or form 변할 수 있는, 잘 변하는
(예) *mutable* in mood as a spring wind
(동의어) vacillating, fickle, inconstant, fitful, mercurial, wavering, capricious
(반의어) constant, steady

Myriad Innumerable 무수한, 무수히 많은
(예) the *myriad* stars in the heavens

N

Nautical Pertaining to ships or navigation 선박의, 해상의
(예) a *nautical* career
(동의어) marine, naval, maritime

Notorious Widely known (in a bad sense) 악명이 높은
(예) a *notorious* gambler

Novice A beginner 초보자
(예) conducted himself in politics like a *novice*
(동의어) tyro 초보자, neophyte 신개종자, 초보자
(반의어) virtuoso 거장, 명연주자

O

Oblivious Forgetful, absent-minded 의식하지 못하는
(예) walking *oblivious* of his surroundings
(명사는 Oblivion)
(동의어) unmindful, heedless, abstracted (…에) 마음이 쏠린, 정신이 딴 데 팔린

Obsession A persistent feeling, idea, activity, etc. which dominates a person, the state of being exclusively preoccupied by a fixed idea 강박상태, 집착
(예) Now that he has learned bowling, it has become his *obsession*.
(동의어) mania, infatuation (a foolish passion), monomania 편집광

Obsolete No longer in use 더 이상 쓸모가 없는, 한물간, 구식의
(예) an *obsolete* word, not even included by most dictionaries
(동의어) archaic, antiquated

Obtrusive Thrusting oneself or itself into undue prominence
(보기 싫게) 눈에 띄는[두드러지는]
(예) made himself obnoxiously *obtrusive*
(동사는 Obtrude)
(동의어) intrusive, aggressive

Ostracize To banish, to exclude from public favor or privileges 배척하다, 외면하다
(예) a former premier *ostracized* by popular vote
(동의어) outlaw 불법화하다, 금하다

P

Paradox A self-contradictory statement, something that appears to be absurd and yet may be true 역설적인 사람[것/상황]
(예) "Life is too important a matter to be taken seriously." - a *paradox* by Oscar Wilde
(동의어) anomaly 변칙, 이례

Paraphrase To restate the meaning of a passage in other words
(특히 이해를 더 쉽게 하기 위해) 다른 말로 바꾸어 표현하다
(예) *paraphrased* the poem in a few lines of prose

Parody (명사) A humorous imitation of an author's style and mannerisms 풍자, 패러디
(예) wrote a *parody* on Kipling's "Gunga Din"
(동의어) burlesque 풍자극, 풍자시

Parody (동사) To write a parody 패러디를 쓰다
(예) *parodied* the popular authors of the play to his audience's amusement
(동의어) mimic (특히 사람들을 웃기려고 남의) 흉내를 내다

Perverse Wilfully bent on doing the wrong thing
(사고방식·태도가) 비뚤어진[삐딱한]
(예) a *perverse* lad, always disobeying his parents
(동의어) headstrong 고집불통의, forward 너무 스스럼없는, refractory 다루기 힘든, 불량한, wayward 다루기 힘든, fractious 괴팍한

Petrify To paralyze with horror, fear, or surprise 겁에 질리게 만들다
(예) *petrified* by the enemy bombardment
(동의어) stupefy 망연자실하게 하다, stun 실신시키다, bewilder, amaze

Plagiarism Adopting and reproducing, without acknowledgment, the writings or ideas of another and passing them off as one's own 표절
(예) denied the charge of deliberate *plagiarism*

Platitude   A dull and commonplace remark 진부한 이야기[의견]
(예) bored people by his pompous phrases and *platitudes*
(동의어) bromide 상투적인 말, truism 뻔한 소리, axiom 자명한 이치

Prestige   Esteem or influence accorded for recognized achievements or reputation 위신, 명망
(예) As Senator he enjoyed great *prestige*.
(동의어) distinction 뛰어남, 탁월함, 특별함

Predatory   1. Inclined to plunder or rob 약탈적인
   (예) *predatory* bands roaming the countryside
2. Preying on others 포식성의
   (예) *predatory* animals prowling about
   (동의어) predacious 포식성의, looting 약탈하는, pillaging 강탈하는

Prelude   An introduction, forerunner, or preliminary step 서곡, 전주곡
(예) a short *prelude* to the play
(동의어) preface 서문, prologue. preamble 서문, 서두
(반의어) epilogue 후기

Presumption   1. Something taken for granted 추정
   (예) acted on a reasonable *presumption*
2. Going beyond proper bounds, impudent boldness 주제넘음, 건방짐

(예) His question was downright *presumption*.
(동의어) effrontery 뻔뻔스러움, forwardness 너무 스스럼없는 행동, arrogance

Procrastinate   To postpone or put off to another time 미루다, 질질 끌다
(예) missed his opportunity by *procrastinating* too long
(동의어) defer, delay

Prognosticate   To forecast 예지하다, 예측하다
(예) The Weather Bureau prognosticates daily.
(명사는 Prognosis)
(동의어) presage 전조가 되다, portend 징후이다, augur 조짐이 되다, forebode ~의 전조가 되다

Provisional   Temporary, for the time being 임시의, 잠정적인
(예) a *provisional* plan until a permanent decision is reached
(동의어) tentative 잠정적인

Proximity   Nearness 가까움, 근접
(예) worked in close *proximity* to his home
(동의어) propinquity 가까움, 근접, vicinity 부근, 인근
(반의어) remoteness

Q

Quash   To crush, to render void 파기하다, 진압하다, 억압하다
(예) *quashed* a rebellion; *quashed* an indictment

(동의어) suppress, extinguish, quell 진압하다, 평정하다, annul 취소하다, 무효화하다

R

Radical (명사) One who advocates extreme basic changes 급진주의자, 과격파
(예) The reform movement was led by a *radical*

Radical (형용사) Thorough, extreme 급진적인, 과격한
(예) *radical* measures adopted to meet the emergency
(반의어) conservative 보수적인

Ramification A branching, subdivision 분맥, 분파, 복수형은 파문, 영향
(예) studied the subject in all its *ramifications*

Refute To prove incorrect or false 반박하다, 논박하다
(예) *refuted* his opponent's argument
(동의어) rebut 논박하다, confute 틀렸음을 입증하다
(반의어) substantiate 입증하다, confirm, corroborate 확증하다

Reiterate Repeat (several times) 반복하다
(예) *reiterated* his story once more

Renegade One who forsakes political or party principles or his religious faith 변절자, 배교자
(예) a *renegade* from his former allegiance

(동의어) turncoat, apostate 변절자, 배교자, recreant 배신자, 겁쟁이, traitor

Respite

1. Temporary deferment or cessation of work or pain 일시적 중단
   (예) a brief *respite* from labor
   (동의어) surcease 일시적 정지

2. A temporary delay in the execution of a sentence 유예
   (예) granted the doom man a temporary *respite*
   (동의어) reprieve 형 집행을 유예하다

Resilient

Elastic, light-hearted, possessing power of recovery 탄력 있는, (충격·부상 등에 대해) 회복력 있는
(예) a *resilient* spirit, refusing to admit defeat
(동의어) flexible, pliable, supple, limber 나긋나긋한, 유연한

Retribution

The reward or punishment exacted for an injury, wickedness, or other action 응징, 징벌
(예) suffered just *retribution* for his folly
(동의어) requital 보답, 보상, nemesis 벌, 천벌

Retrieve

1. To make good 수습하다
   (예) *retrieved* a mistake

2. To recover 회수하다
   (예) *retrieved* the suitcase left at the station

3. To restore 되찾다
   (예) *retrieved* his lost fortunes

S

Satellite
1. An attentive or flattering follower 유명인 주변을 맴도는 사람
(예) a prince surrounded by many *satellites*
(동의어) lackey 하인, 종, toady 아첨꾼, disciple, adherent, fawning 알랑거리는, obsequious 아부하는, partisan 편파적인, 당파적인
2. A country influenced or controlled by another 위성 국가
(예) Freedom is conspicuously absent, in the Soviet *satellites*.
3. A body (natural or artificial) which revolves around a larger body, generally a planet 위성
(예) The moon is the only natural *satellite* of the earth, but in recent years it has been joined by many artificial *satellites*.

Sordid
Mean and base, filthy 비도덕적인, 추악한, 더러운
(예) *Sordid* motives breed selfish actions.
(동의어) degraded, vile, ignoble 비열한, 야비한

Sporadic
Occurring singly, at irregular intervals, scattered 간헐적인
(예) *sporadic* cases of illness

Spurn
To refuse or reject with contempt 퇴짜 놓다, 일축하다
(예) an offer that was *spurned* instantly
(동의어) repel 격퇴하다, 물리치다, snub 모욕하다, 무시하다

Stringent   Strict, compelling, constraining 엄중한
(예) *stringent* regulations; *stringent* requirements
(동의어) exacting, rigid
(반의어) lax 느슨한

T

Tangible   Real, actual 분명히 실재하는[보이는], 유형(有形)의
(예) *tangible* gains which may be seen and counted
(동의어) material, veritable, perceptible, substantial

Tantamount   Equivalent (나쁜 효과가) ~와 마찬가지의[~에 상당하는]
(예) an act that is *tantamount* to treason

Taunt   *(동사)* To reproach with contempt 놀리다, 비웃다, 조롱하다
(예) *taunted* him with the charge of failure to act promptly
(동의어) mock, twit 비웃다, 야유하다, gibe 조롱하다, sneer, deride

Taunt   *(명사)* An insulting, jeering, or bitter remark 놀림, 비웃음, 조롱
(예) hurled *taunts* at his foes

Teeming   In abundance, fertile, highly productive 바글거리는, 충만한
(예) the *teeming* tropics, rank with vegetation
(동의어) swarming, fruitful, fecund 비옥한, abounding

Tranquil	Calm, peaceful 고요한, 평온한 (예) a *tranquil* summer night *(동의어)* placid, serene *(반의어)* perturbed, ruffled, turbulent
Trivial	Of little importance 사소한, 하찮은 (예) a *trivial* offense *(동의어)* paltry 양이 보잘것없는, 쥐꼬리만한 *(반의어)* gross, momentous 중대한

V

Vanquish	To subdue or conquer (경쟁·전쟁 등에서) 완파하다 (예) an army *vanquished* with heavy losses
Vaunt	To boast 허풍 떨다 (예) proudly *vaunted* his strength *(동의어)* brag (명사로 braggadocio, braggart), proclaim 선포하다
Versatile	Able to do many things skillfully 다재다능한 (예) *versatile* in all the arts

W

Whim	A sudden notion or passing fancy 일시적인 기분, 변덕 (예) frequently acted on the *whim* of the moment (형용사는 Whimsical) *(동의어)* caprice 변덕, vagary 변덕, crotchet 변덕스런 생각

Z

Zealous Full of enthusiasm or eagerness 열성적인
(예) a *zealous* student, first in his class
(명사는 Zealot: fanatic)
(반의어) **perfunctory** 형식적인

Part III

100 Idioms & Expressions

관용표현 요약노트

1. **red-hot** 초 인기 상품 또는 제품이 된 것 (물건)
2. **small potatoes** 그다지 중요하지 않은 인물[사물], 시시한 사람[것], 소액.
3. **to go over something with a fine-tooth comb**
   아주 주의 깊게 …를 조사하다
4. **to lock horns** …와 다투게 되다
5. **par for the course** 당연한, 보통[예사]의, 전형적인
6. **to roll up your sleeves** (일·싸움 등을 하려고) 소매를 걷어붙이다
7. **to jack up (something)** ~을 들어 올리다. 인상하다
8. **more bang for your buck** (들인 돈·노력보다 큰) 효과[가치]
9. **to make a mountain out of a molehill** 침소봉대하다
10. **stubborn as a mule** 대단히 고집 센, 완고한
11. **busy as a beaver** 몹시 바쁜, 아주 바쁜
12. **an eagle eye** (관찰력이) 예리한 눈
13. **a white elephant** 흰 코끼리(돈만 많이 들고 더 이상 쓸모는 없는 것)
14. **a bad apple** 남에게 악영향을 미치는 사람[것], 암적인 존재
15. **domino effect**
    도미노 효과(하나의 사건이 비슷한 사건들의 연쇄적인 발생을 초래하는 효과)
16. **when you fall off your horse you have to get back on**
    말에서 떨어지면 다시 타야만 됩니다. (무엇인가를 시도하면서 실패하거나 다쳐도, 다시 시도해야만 한다)
17. **red ink** 손실, 적자
18. **to compare apples to oranges**
    아주 다른 품목을 비교하다 (비교의 대상이 잘못되었다)
19. **a thorny issue** 곤란한 문제
20. **to float a loan** 융자를 받다

21. **to skyrocket** 치솟다, 급등하다
22. **to leave someone high and dry** 도움이나 원조를 하나도 주지 않다
23. **a financial squeeze** 금융 압박, 재정 압박
24. **in the black** 이익이 나는, 흑자의
25. **to bark up the wrong tree** 잘못 짚다, 엉뚱한 사람을 비난하다
26. **to turn on a dime** 급회전을 하다, 방향이나 마음을 갑작스레 바꾸다
27. **no dice** 안 돼. 천만에.
28. **to get cold feet** (계획했던 일에 대해) 갑자기 초조해지다[겁이 나다]
29. **hands are tied** 옴짝달싹 못하다
30. **as a rule of thumb** 경험 법칙으로, 어림 감정으로
31. **sharp as a tack** 머리가 비상한, 단정한 옷차림을 한
32. **happy camper** 아주 행복한 사람
33. **to snowball** 눈덩이처럼 커지다
34. **to tighten one's belt** 허리띠를 조이다, 내핍생활을 하다.
35. **to pull the plug**
    생명 유지 장치를 떼어 내다, (남의 사업·계획 등을) 중단시키다[끝장나게 만들다]
36. **to jump through hoops** (무엇을 성취하기 위해) 고생을 하다
37. **a cash cow** (어떤 사업체의) 고수익[효자] 상품[사업]
38. **to get brownie points** 윗사람의 신임[점수]을 얻다
39. **to have one's hands full** 손을 놓을 수 없다, 아주 바쁘다
40. **to have an empty plate** 특별한 계획이나 할 일이 없다
41. **to have a full plate** 할 일이 산더미다
42. **small fires** 조그만 화재, 조그만 문제들
43. **like a roller coaster** 롤러코스터처럼 상하로 심하게 움직이는
44. **to have thick skin** (비판 등에) 둔감하다
45. **in the pipeline**
    (논의·계획·준비 등이) 한창 진행 중인[곧 모습을 드러낼 단계에 있는]
46. **to take off the gloves**
    (토론·투쟁 따위에) 본격적으로 맞서다, 기를 쓰고 싸우다

47. **to climb the corporate ladder** 출세 가도를 달리다, 승진하다
48. **a fish out of water** 물 밖에 나온 고기(낯선 환경에서 불편해 하는 사람)
49. **to drum up** 성원[지지]을 얻으려 애쓰다
50. **to get the ball rolling** 일을 시작하다, 계속 진행시키다
51. **snail mail** (이-메일과 대조되는) 재래식 우편
52. **snail's pace** 달팽이 걸음, 정말 느림
53. **to make a bundle** 떼돈을 벌다
54. **in the hot seat** 매우 어려운[중대한] 입장에서
55. **on the hook** (상황 따위에) 묶여, (…때문에) 곤란한 입장에 놓여 **[for]**
56. **to cook the books** 장부를 조작하다
57. **to leapfrog** (더 높은 위치·등급으로) 뛰어넘다
58. **Midas touch** 마이다스의 손(손대는 일마다 재정적인 성공을 이뤄 내는 능력)
59. **to wash one's hands of something**
   관계를 끊다, (사람 또는 물건과의) 관련을 끊다
60. **to work for peanuts** 쥐꼬리만한 월급을 받고 일하다
61. **to skate on thin ice** 살얼음을 밟다, 아슬아슬한 문제를 다루다, 모험을 하다
62. **half-hearted** 마음이 내키지 않는, 미온적인, 열성이 없는
63. **a shoestring budget** 아주 적은 예산
64. **to grease (someone's) palm** 뇌물을 주다
65. **an uphill battle** 힘든[어려운] 싸움
66. **a watchdog group** 감시 단체
67. **to chalk something up to something** ~의 결과를 ~ 탓으로 돌리다
68. **to take a back seat to something/someone**
   다른 사람에게 더 중요한 위치를 주고 뒷자리에 서다
69. **red tape** (관공서의) 불필요한 요식, 관료적 형식주의
70. **bells and whistles** (제품에 옵션으로 붙는) 부가 장치(기능)들
71. **thumbs-down** 거절 (불찬성의 표시)
72. **the big cheese** (특히 조직 내의) 중요 인물

73. **to keep one's fingers crossed**
    (중지를 인지에 포개고) 기도하다, 좋은 결과[행운]를 빌다
74. **the green light** (사업 등에 대한) 허가[승인]
75. **a ballpark figure** 어림잡은 수치, 대략적인 수치
76. **a little bird told me** (…의 일을) 풍문에 들었다, 어떤 사람에게서 들었다.
77. **to spill the beans** (비밀을) 무심코 말해 버리다
78. **to put one's nose to the grindstone** 뼈 빠지게 일[공부]하다
79. **to take off one's hat to something/someone**
    …의 업적에 경탄을 보내다, …를 존경하다
80. **a bitter pill to swallow** 어쩔 수 없이 해야 하는 일
81. **a knight in shining armor** 번쩍이는 갑옷을 입은 기사, 구원자
82. **to hit the nail on the head** 요점을 찌르다, 정곡을 찌르다
83. **to be behind the eight ball** 궁지에 빠지다, 불리한 입장에 처하다
84. **the weakest link** 가장 약한 (연결) 고리(시스템·조직의 약점이 되는 부분)
85. **a financial injection** 금융기능강화(를 위한 조치)
86. **worth its weight in gold** 아주 유용한[귀중한]
87. **to be on cloud nine** 너무나 행복한
88. **to turn around** 회복하다, 호전되다
89. **to put a lid on something** …을 통제[단속]하다.
90. **to level the playing field**
    공평한 경쟁의 장을 만들다[경쟁 분위기를 조성하다]
91. **running on empty** 활기[특징, 창의력]를 잃은
92. **music to one's ears** 기쁜 소식, 듣기 좋은 것
93. **a catch 22** (모순된 규칙[상황]에) 꼭 묶인 상태, 딜레마, 곤경
94. **a kangaroo court** 불법(인민)재판, 부정규 재판
95. **a money trap**
    처음에는 돈을 벌거나 싸게 산 것 같지만 결국은 손해를 보는 상황
96. **a whistle blower** 내부고발자

97. to be on the bubble 성공이 불확실한
98. to drag one's feet 발을 질질 끌다, 지연하다
99. to run on an empty battery 일에 지쳐 힘이 다 빠지다, 에너지가 없다
100. to hit the panic button 비상단추를 누르다, 놀라서 어쩔 줄을 모르다

관용표현 1 to 100

1. **red-hot** 초 인기 상품 또는 제품이 된 것 (물건)

   Apple's iPhone 5S was a **red-hot** product release. Millions sold in just a couple of days.
   애플사의 아이폰 5S는 빅 히트 상품이었습니다. 수백만 개가 단지 며칠 만에 팔렸습니다.

   red hot = to be very popular and in high demand

2. **small potatoes** 그다지 중요하지 않은 인물[사물], 시시한 사람[것], 소액.

   The cost of the product recall is **small potatoes** compared to the potential costs of multiple lawsuits.
   제품 리콜의 비용은 여러 소송들의 잠재적 비용들에 비하면 적은 것입니다.

   small potatoes = the sacrifice, cost, or price of doing or buying something is low

3. **to go over something with a fine-tooth comb** 아주 주의 깊게 …를 조사하다

   The lawyers **went over** the sales contract with **a fine-tooth comb** and were satisfied all the details had been covered.
   변호사들은 판매계약서를 아주 꼼꼼하게 살펴보았고 모든 상세 사항들이 포함된 것에 만족하였습니다.

   to go over (something) with a fine-tooth comb = to check something (contract, report) very carefully

Part III 100 Idioms & Expressions

4. **to lock horns** …와 다투게 되다

The CEO really **locked horns** with the chairman of the board and directors over the direction the company should take.
CEO는 회사가 취해야 할 방향에 대하여 이사회의 의장과 간부들과 격렬하게 대립하였다.

to lock horns = to disagree with someone, to argue with or have a dispute about how something should or did happen

5. **par for the course** 당연한, 보통[예사]의, 전형적인

That really successful companies, such as GM, IBM, and SONY, experience some tough times is par for the course.
GM, IBM, SONY 등과 같은 정말로 성공한 회사들이 어려운 시기를 겪고 있는 것이 진귀한 것은 아니다.

par for the course = a particular action, behavior, or situation is not uncommon

6. **to roll up your sleeves** (일·싸움 등을 하려고) 소매를 걷어붙이다

The chief financial officer rolled up his sleeves and got to work finding sources of finance for the new project.
최고재무책임자 (CFO)는 팔을 걷어붙이고 새로운 프로젝트의 자금 조달원을 찾는 일에 나섰다.

to roll up (my, your, his, her, our, their) sleeves = to get ready to do some serious or hard work

7. **to jack up (something)** ~을 들어 올리다. 인상하다

   The company continues **to jack up** its stock price by selling off assets and reducing debt. The strategy is working.
   그 회사는 자산을 매각하거나 부채를 삭감하는 것으로 주가를 계속 끌어올린다. 그 전략은 효과가 있다.

   to jack up (something) = to increase something's price or value

8. **more bang for your buck** (들인 돈·노력보다 큰) 효과[가치]

   Companies can get more **bang for their buck** if they set up business in China and other developing countries.
   회사들은, 중국이나 다른 개발도상국에서 사업을 전개한다면, 투자대비 더 많은 이익을 얻을 수 있다.

   more bang for the buck = to get better/more value for your investment

9. **to make a mountain out of a molehill** 침소봉대하다

   Some managers and supervisors tend **to make mountains out of molehills** because they lack problem-solving skills.
   몇몇 관리자나 감독자들은 하찮은 일도 크게 부풀리는 경향이 있는데 문제해결능력이 떨어지기 때문입니다.

   to make a mountain out of a molehill = to treat a very small problem as if it were a very big problem

10. **stubborn as a mule** 대단히 고집 센, 완고한

    Senior management can be stubborn as mules when it comes to implementing necessary policy changes.
    고위 경영진은 새로운 정책을 도입하는 일이 되면 대단히 완고해 질 수 있습니다.

as stubborn as a mule = to be very resistant to another person's opinion, unwilling to compromise

11. **busy as a beaver** 몹시 바쁜, 아주 바쁜

    Because the economy has been improving, all of the department heads have been busy as beavers.
    경기가 회복되고 있기 때문에, 모든 부서장들은 눈이 돌아갈 정도로 바쁩니다.

    as busy as a beaver = to be extremely busy and productive

12. **an eagle eye** (관찰력이) 예리한 눈

    Having an eagle eye for talented employees is critical for the long-term success of a company.
    재능이 있는 고용자들을 볼 수 있는 예리한 눈을 갖는 것은 회사의 장기적인 성공에 핵심적입니다.

    an eagle eye = to be able to recognize the potential of employees or to be able to see a situation very clearly

13. **a white elephant** 흰 코끼리(돈만 많이 들고 더 이상 쓸모는 없는 것)

    Public works projects can be beneficial to the economy as long as they do not end up being white elephants.
    공공사업 계획들은 그것들이 돈만 잡아먹는 것들이 되는 것으로 끝나지 않는 한은 경제에 도움이 될 수 있습니다.

    white elephant = something that has little or no value; expensive government projects with no value for the public

14. **a bad apple** 남에게 악영향을 미치는 사람[것], 암적인 존재

    All it takes is one bad apple on a team to ruin a project. Selecting great team members is essential for success.
    태도가 나쁜 한 사람만 있어도 프로젝트를 망칩니다. 좋은 멤버를 선정하는 것이 성공을 위해서는 필수적입니다.

    one bad apple (spoils the bunch) = it only takes one person with a bad attitude to turn a team's attitude negative.

15. **domino effect** 도미노 효과(하나의 사건이 비슷한 사건들의 연쇄적인 발생을 초래하는 효과)

    The global financial collapse of 2008 had a domino effect on many small and medium-sized companies with many closing.
    2008년의 세계적 금융 붕괴는 많은 중고기업들이 도산을 하는 도미노 효과를 가져왔습니다.

    domino effect = when one event happens, other events will follow one after another - used for negative situations

16. **when you fall off your horse you have to get back on** 말에서 떨어지면 다시 타야만 됩니다. (무엇인가를 시도하면서 실패하거나 다쳐도, 다시 시도해야만 한다)

    When you fall off the horse, you have to get back on. Great business leaders are not afraid of failures in business.
    말에서 떨어지더라도, 다시 올라타야만 합니다. 재계의 위대한 지도자들은 사업에서 실패하는 것을 두려워하지 않습니다.

When you fall off the horse, you have to get back on. = if you fail or get hurt at doing something, try again soon

17. **red ink** 손실, 적자

SONY is a great company, but it needs to reduce its red ink. Having too much debt is trouble for any company.
SONY는 대단한 회사입니다만, 부채를 줄여야만 됩니다. 너무 많은 부채를 가지고 있는 것은 어느 회사에라도 문제입니다.

red ink = to have debt, to operate a company at a loss

18. **to compare apples to oranges** 아주 다른 품목을 비교하다(비교의 대상이 잘못되었다)

Steve said that the Mercedes Benz was a better car than the Toyota Corolla, but that's comparing apples to oranges.
Steve는 Mercedes Benz는 Toyota Corolla보다 좋은 차라고 말했습니다. 그러나 그것은 서로 비교할 수 있는 것이 아닙니다.

to compare apples to oranges = to compare two items that are very different; a comparison that is not balanced

19. **a thorny issue** 곤란한 문제

Discussing early retirement with employees can be a thorny issue filled with a lot of emotion.
사원들과 조기 퇴직 문제를 논의하는 것은 여러 감정들이 뒤섞인 곤란한 문제가 될 수 있습니다.

a thorny issue = a topic or situation that can be challenging to discuss or deal with

20. **to float a loan** 융자를 받다

   The chief financial officer begged the government to float the company a loan to refinance the company debt.
   최고재무책임자(CFO)는 회사의 부채를 차환하기 위하여, 정부에 융자를 간청하였습니다.

   to float (someone) a loan = to let (someone) borrow money

21. **to skyrocket** 치솟다, 급등하다

   Get ready to raise your TOEIC score! Follow us this year and watch your TOEIC score skyrocket! Stay positive in 2015!
   TOEIC 점수를 올릴 준비를 하세요! 올해도 우리를 따라 당신의 점수가 치솟는 것을 봅시다. 2015년에도 긍정적으로!

   to skyrocket = to increase rapidly

22. **to leave someone high and dry** 도움이나 원조를 하나도 주지 않다

   When multinational companies suddenly leave an international market, the local employees are left high and dry.
   다국적 기업들이 갑자기 국제적인 시장을 떠날 때는, 그 지역의 종업원들은 아무런 지원도 받지 못하고 남겨져 버린다.

   high and dry = to be left without any support and no chance

Part III   100 Idioms & Expressions

23. **a financial squeeze** 금융 압박, 재정 압박

Since the collapse of the world economy, many countries have been experiencing a severe financial squeeze.
세계 경제가 파탄이 난 이후, 많은 나라들이 심각한 금융 압박을 겪고 있습니다.

a financial squeeze = when there is not enough money/budget/finance to operate a country or company as usual

24. **in the black** 이익이 나는, 흑자의

After years of losing money, the company is finally back in the black.
수년간의 손실 후에, 회사는 마침내 흑자입니다.

in the black = to be making a profit

25. **to bark up the wrong tree** 잘못 짚다, 엉뚱한 사람을 비난하다

Countries looking to reduce national debt by implementing severe austerity measures may be barking up the wrong tree.
엄격한 긴축정책을 도입하여 국채를 줄이려고 하는 나라들은 아마도 잘못 짚은 것일 수도 있습니다.

to bark up the wrong tree = to be mistaken about a situation, making a wrong decision to improve a negative situation

26. **to turn on a dime** 급회전을 하다, 방향이나 마음을 갑작스레 바꾸다

The yen to the dollar exchange rate turned on a dime when Mr. Abe announced an easy-money policy to end deflation.
Abe씨가 디플레이션을 끝내기 위하여 금융완화정책을 발표하였을 때, 엔-달러화

환율은 급변하였습니다.

to turn on a dime = to completely and rapidly change directions, to change one's mind quickly

27. **no dice** 안 돼, 천만에

Kevin asked his boss for a raise, but his boss said, "No dice."
Kevin은 그의 상사에게 급여인상을 요청하였지만, 상사는 "안 돼"라고 말하였습니다.

no dice = to be denied permission or have a request rejected

28. **to get cold feet** (계획했던 일에 대해) 갑자기 초조해지다[겁이 나다]

Both company CEOs agreed to the merger, but one of them got cold feet at the last minute.
두 회사의 CEO는 합병에 합의하였지만, 마지막 순간에 그들 중 하나가 겁을 내었습니다.

to get cold feet = to change one's mind about a decision that is usually an important one

29. **hands are tied** 옴짝달싹 못하다

Mike would like to renegotiate the union contract, but his hands are tied because of the collective bargaining laws.
Mike는 노조협약을 재협상하고 싶지만, 단체교섭법 때문에 손이 묶여 있습니다.

tied hands = to have some kind of limiting power or restrictions in a particular situation

30. **as a rule of thumb** 경험 법칙으로, 어림 감정으로

   As a rule of thumb, you should change jobs only after you have been working in a company for about three years.
   경험상으로는, 같은 회사에서 약 3년 정도는 일을 한 후에 전직을 해야만 합니다.

   a rule of thumb = a generally accepted practice, an approximation of something without exact measurements

31. **sharp as a tack** 머리가 비상한, 단정한 옷차림을 한

   The new chief finance officer(CFO) is sharp as a tack. She really knows her job.
   새로운 최고재무책임자(CFO)는 머리가 아주 비상합니다. 그녀는 자신의 일을 정말로 잘 알고 있습니다.

   sharp as a tack = to be very intelligent very knowledgeable

32. **happy camper** 아주 행복한 사람

   Because management announced higher bonuses than expected the employees were happy campers.
   경영층에서 예상보다 높은 보너스를 발표하였기 때문에 종업원들은 아주 기뻤습니다.

   a happy camper = someone who is very happy

33. **to snowball** 눈덩이처럼 커지다

   KEPCO's expenses continue to snowball requiring more public funding to pay the bills. Consumers will pay for the costs!
   KEPCO의 지출은 눈덩이처럼 계속 불어나서 경비를 지불하기 위해 더 많은 공적 자금을 필요로 합니다. 소비자들이 그 대가를 지불할 것입니다.

to snowball = when something increases in size or amount (like a snowball rolling down a hill)

34. **to tighten one's belt** 허리띠를 조이다, 내핍생활을 하다.

    Many families are tightening their belts to get through these tough financial times.
    많은 가정들이 이 재정난의 시기를 헤쳐 나가기 위해 허리띠를 졸라 매고 있습니다.

    to tighten one's belt = to cut costs and try to save money

35. **to pull the plug** 생명 유지 장치를 떼어 내다, (남의 사업·계획 등을) 중단시키다[끝장나게 만들다]

    IBM decided to pull the plug on their PC business and sold it to Lenova, the Chinese computer company.
    IBM은 그들의 PC사업을 중단하기로 결정하고 중국 컴퓨터 회사 Lenova에 매각하였습니다.

    to pull the plug = to end a project or business or to stop doing some kind of activity

36. **to jump through hoops** (무엇을 성취하기 위해) 고생을 하다, 복잡한 절차를 거치다

    Getting projects started in bureaucratic companies can be delayed if you have to jump through many hoops for approval.
    승인을 받기 위하여 많은 복잡한 절차들을 거쳐야만 한다면 관료적인 기업들 안에서 프로젝트들을 시작하는 것은 지연될 수 있습니다.

    to jump through hoops = to have to do unnecessary or meaningless tasks

37. **a cash cow** (어떤 사업체의) 고수익[효자] 상품[사업]

Apple's iPhone series is a cash cow for the company. The company has made billions of dollars in profits on the product.
애플의 아이폰 시리즈는 그 회사의 효자 상품입니다. 그 회사는 그 상품으로 수십억 달러의 이익을 올렸습니다.

a cash cow = a product that is making a lot of profits for a company

38. **to get brownie points** 윗사람의 신임[점수]을 얻다

Mary is always trying to get brownie points from the boss. Unfortunately, she doesn't ever finish her work on time.
Mary는 언제나 상사로부터 점수를 따려고 노력하고 있습니다. 불행하게도, 그녀는 그녀의 업무를 제 시간에 끝내지를 못합니다.

brownie point = a credit for doing something good at work or school so that the teacher/boss likes you

39. **to have one's hands full** 손을 놓을 수 없다, 아주 바쁘다

My coworker said she wanted to help with the project but she had her hands full with other projects.
나의 동료는 나의 프로젝트를 도와주고 싶지만 그녀는 다른 프로젝트들로 손 쉴 틈이 없다고 말했습니다.

to have your hands full = you are too busy with your work to help someone else with theirs

40. to have an empty plate 특별한 계획이나 할 일이 없다

After finishing all of the sales meetings and the conference this week, my plate is empty! I can enjoy the weekend.
금주에 영업 회의들과 협의를 다 마친 후에는, 자유의 몸입니다! 주말을 즐길 수 있습니다.

an empty plate = having no schedule or anything important to do

41. to have a full plate 할 일이 산더미다

The managing director will have a full plate next quarter with the acquisition of the new company.
전무는 새로운 회사의 매수로 다음 분기에 할 일이 산더미일 것입니다.

a full plate = having a very busy schedule with little or no room for additional work

42. small fires 조그만 화재, 조그만 문제들

Steve said he was exhausted after working because of all the small fires that he had to deal with during the day.
Steve는 그날 그가 처리해야만 했던 모든 작은 문제들 때문에 업무를 마친 후에 피곤하다고 말했습니다.

small fires = small problems at the office (copy machine broke, an employee did not come to work, etc.)

43. like a roller coaster 롤러코스터처럼 상하로 불안정하게 심하게 움직이는

Global markets have been on a roller coaster ride the past couple of years. Stability is needed for economic growth.

국제 시장은 과거 수년, 롤러코스터처럼 부침이 심하였습니다. 경제 성장을 위해 안정성이 필요합니다.

like a roller coaster = like something that is unstable or moves up and down

44. to have thick skin (비판 등에) 둔감하다

When you are the leader, everyone second-guesses your decisions. You have to have thick skin to survive the criticism.
지도자가 되면, 모두가 당신의 결정들을 의심합니다. 당신은 비판을 견뎌낼 수 있는 둔감함을 지녀야만 됩니다.

to have thick skin = not to be so sensitive to criticism from others, to be able to accept constructive criticism

45. in the pipeline (논의·계획·준비 등이) 한창 진행 중인[곧 모습을 드러낼 단계에 있는]

A proposal for a new clean-energy policy is in the pipeline. Renewable energies are important for all countries.
새로운 청정 에너지 정책을 위한 제안이 준비 중에 있습니다. 재생가능 에너지는 모든 나라에게 중요합니다.

in the pipeline = to have plans to do something

46. to take off the gloves (토론·투쟁 따위에) 본격적으로 맞서다, 기를 쓰고 싸우다

Because of the increasing competition among cell phone carriers, sales staffs are taking off the gloves.

휴대전화 회사들 간의 심해지는 경쟁 때문에, 영업 직원들은 본격적으로 맞서고 있습니다.

to take off the gloves = to get aggressive and focus on achieving a goal

47. **to climb the corporate ladder** 출세 가도를 달리다, 승진하다

    Climbing the corporate ladder is much more challenging for women. Companies must treat all employees equally to succeed.
    여성으로서 승진의 사다리를 올라가는 것은 큰 어려움입니다. 기업들은 전사원들이 성공하도록 공평하게 대우해야만 합니다.

    to climb the corporate ladder = to continue being promoted and moving up in the company toward the CEO position

48. **a fish out of water** 물 밖에 나온 고기 (낯선 환경에서 불편해 하는 사람)

    Steve felt like a fish out of water in his new position as sales manager. He has a lot to learn in his new position.
    Steve는 영업 관리자로서의 새로운 직위에서 물 밖으로 나온 고기 같은 기분이었습니다. 그의 새로운 직위에서는 배울 것이 많습니다.

    a fish out of water = to be in a completely new position or a situation with little or no experience

49. **to drum up** 성원[지지]을 얻으려 애쓰다, 고취하다

    With domestic markets shrinking, Japanese companies are trying harder to drum up business abroad to make up revenues.
    국내 시장이 축소되어, 일본 기업들은 해외에서의 사업을 고취하여 매출을

Part III   100 Idioms & Expressions   389

채우려고 열심히 노력하고 있습니다.

to drum up = to take action to get more customers, business, and attention

50. **to get the ball rolling** 일을 시작하다, 계속 진행시키다

To get the ball rolling on a new project is very challenging in traditional bureaucratic companies.
전통적인 관료제 조직에서 새로운 프로젝트를 시작하는 것은 아주 어렵습니다.

to get the ball rolling = to get something (work project, homework looking for a new job, etc.) started

51. **snail mail** (이-메일과 대조되는) 재래식 우편

To cut costs, the company has implemented a no snail mail policy. All communication will take place electronically.
원가 절감을 위하여, 회사는 재래식 편지 사용 금지 정책을 도입하였습니다. 모든 연락은 이-메일로 이루어질 것입니다.

snail mail = traditional and slower method of sending business letters

52. **snail's pace** 달팽이 걸음, 정말 느림

The negotiations are progressing at a snail's pace. Neither company seems to be interested in compromising on any point.
교섭은 너무나 느리게 진행되고 있습니다. 어느 회사도 어느 점에서도 타협하는 것에 관심이 없어 보입니다.

snail's pace = to move at an extremely slow pace

오늘 당장 토익 보시나요?

53. **to make a bundle** 떼돈을 벌다

With the release of iPhone 5, Apple continues to make a bundle with its iPhone series.
아이폰 5의 출시로, 애플은 아이폰 시리즈로 계속 떼돈을 벌고 있습니다.

to make a bundle = to make a lot of money

54. **in the hot seat** 매우 어려운[중대한] 입장에 있는

The CEO fell just short of the yearly profit target. The good news is that she is not considered to be in the hot seat.
CEO는 연간 이익 목표에서 약간 미치지 못했습니다. 좋은 소식은 그녀의 지위가 위험하지는 않을 것으로 생각된다는 것입니다.

in the hot seat = someone's job may be in jeopardy, someone is being asked a lot of questions

55. **on the hook** (상황 따위에) 묶여, (…때문에) 곤란한 입장에 놓여[for]

The company will be on the hook for about 20 million dollars if the government raises corporate taxes.
만약 정부가 법인세를 인상한다면 회사는 약 2천만 달러를 납부해야만 할 것입니다.

on the hook = to be responsible for something – i.e. responsible to do, pay for, or carry out some action

56. **to cook the books** 장부를 조작하다

Olympus gave the ax to its former British CEO in efforts to hide illegal activities in the form of cooking the books.
Olympus는 회계 조작의 형태로 불법 행위들을 감추려고 공작한 영국인 전 CEO를 해고하였습니다.

to cook the books = to change the numbers in the accounting documents of a company to hide something bad or illegal

57. **to leapfrog** (더 높은 위치·등급으로) 뛰어넘다

SANY has leapfrogged Komatsu and Caterpillar in the excavator market to gain the number one market share.
SANY는 Komatsu와 Caterpillar를 뛰어넘어 굴착기 시장에서 시장점유율 1위를 차지하였습니다.

to leapfrog = to overtake or pass someone in position (e.g. – from position 4 to 3, 3 to 2, 2 to 1)

58. **Midas touch** 마이다스의 손(손대는 일마다 재정적인 성공을 이뤄 내는 능력)

Some industry experts believe that SONY has lost its Midas touch. SONY used to make hit products one after the other.
업계의 몇몇 전문가들은 SONY가 그 마이더스의 손을 잃어버렸다고 믿습니다. SONY는 잇달아서 히트 상품을 만들어내곤 했습니다.

Midas touch = when individuals or organizations are so talented that they are always successful when they do something

59. **to wash one's hands of something** 관계를 끊다, (사람 또는 물건과의) 관련을 끊다

British Petroleum(BP) is trying hard to wash their hands of the disastrous oil spill in the Gulf of Mexico in 2010.
British Petroleum (BP)은 2010년의 멕시코만의 재앙적인 원유 유출 사건에서 손을 씻기 위해 열심히 노력하고 있습니다.

to wash your hands of (something) = to try to forget something that was bad, to get others to forget something negative

60. **to work for peanuts** 쥐꼬리만한 월급을 받고 일하다

People who don't have enough marketable skills will probably end up working for peanuts.
충분한 시장성이 있는 기술이 없는 사람들은 아마도 쥐꼬리만한 임금으로 일하게 될 것이다.

to work for peanuts = to work for very little money, to earn a low salary

61. **to skate on thin ice** 살얼음을 밟다, 아슬아슬한 문제를 다루다, 모험을 하다

Many global companies are skating on thin ice because of the global financial crisis. Strong leadership is critical.
세계 금융 위기 때문에 많은 글로벌 기업체들이 살얼음 위를 걷고 있습니다. 강력한 지도력이 필수적입니다.

to skate on thin ice = to be in a very dangerous or very challenging situation

62. **half-hearted** 마음이 내키지 않는, 미온적인, 열성이 없는

Half-hearted efforts when starting up a company will only lead to complete failure. Success comes from sustained effort.
내키지 않는 마음으로 사업을 시작하는 것은 완전한 실패로 이어질 뿐입니다. 성공은 한결 같은 노력에서 비롯되는 것입니다.

half-hearted = to give a poor effort toward a goal (test, job, task, change, etc.)

63. a shoestring budget 아주 적은 예산

For entrepreneurs, starting a business on a shoestring budget is just one of the multiple challenges they face.
사업가들에게 있어서, 아주 적은 예산으로 사업을 시작하는 것은 그들이 직면하는 여러 문제들 중의 하나에 불과합니다.

a shoestring budget = to have very little money to live on or to run a business

64. to grease (someone's) palm 뇌물을 주다

While greasing the palms of government officials to get a business contract is considered standard and acceptable practice in some countries, most developed countries prohibit this behavior.
몇몇 국가들에서 사업 계약을 얻기 위해 정부 관리들에게 뇌물을 주는 것이 표준 그리고 관행으로 여겨지는 반면에, 대부분의 선진국들은 이 행위를 금지합니다.

to grease the palms of (someone) = to offer a bribe (usually money) in return for something (usually a business contract)

65. an uphill battle 힘든[어려운] 싸움

Once a company loses the public's trust, it's an uphill baffle to gain it back. It's better not to lose it ever.
회사가 대중의 신뢰를 일단 잃게 되면, 그것을 다시 찾는 데는 힘든 싸움이 됩니다. 잃지 않는 것이 현명합니다.

an uphill battle = something that is going to be very challenging to accomplish or achieve

66. a watchdog group 감시 단체

The watchdog group lodged a complaint with the American government over the treatment of immigrant employees.
감시 단체는 미국 정부에 대해 이주 노동자들의 대우에 관해 항의하였습니다.

a watchdog group = a group of citizens who make sure companies, organizations, and governments are following the rules

67. to chalk something up to something ~의 결과를 ~ 탓으로 돌리다

That the company failed its first entry into an international market was chalked up to inexperience. They'll try again.
그 회사가 국제 시장에 처음 진출하는 것에 실패한 것은 경험 부족 때문이었습니다. 그들은 다시 시도할 것입니다.

to chalk it up = to recognize one event resulted from a current or past situation or event

68. to take a back seat to something/someone (다른 사람에게 더 중요한 위치를 주고) 뒷자리에 서다

Japanese electronics, which once dominated the world, have taken a back seat to other countries' electronics recently.

한 때는 세계를 지배했던 일본의 전자제품은, 최근에는 다른 나라들의 전자제품들에 앞자리를 내주었습니다.

to take a back seat to (something) = to become less popular, less important, less superior, or less of a priority

69. red tape (관공서의) 불필요한 요식, 관료적 형식주의

SONY needs drastic policy changes to recover, but many analysts believe there is too much red tape in the company.
SONY는 회복을 위해서는 극단적인 정책 변화가 필요하지만, 많은 분석가들은 회사 안에 너무 많은 관료주의가 있다고 믿습니다.

red tape = too many rules and regulations that prevent creativity, innovation, and progress

70. bells and whistles (제품에 옵션으로 붙는) 부가 장치(기능)들

I'm looking for a new cell phone, but I don't need all the bells and whistles. I just need the basic functions.
나는 새로운 휴대폰을 찾고 있는 중인데, 여러 가지 부가기능들이 있는 것은 필요하지 않습니다. 나는 단지 기본 기능들만 필요합니다.

bells and whistles = extra features and functions on a product

71. thumbs-down 거절(불찬성의 표시)

Consumers gave the company's new product release a thumbs-down because of its bulkiness and price.
소비자들은 그 회사에서 출시한 신제품에 대해 그 크기와 가격 때문에 만족하지 않았다.

thumbs-down = disapproval of something, not liking something

72. **big cheese** (특히 조직 내의) 중요 인물

    All the managers and supervisors were nervous because the big cheese (CEO) was coming to the office from headquarters.
    모든 관리자들과 감독자들은, 본사로부터 거물이 오고 있는 것 때문에, 긴장하였습니다.

    big cheese = a person or a group of people that are very important, VIP

73. **to keep one's fingers crossed** (중지를 인지에 포개고) 기도하다, 좋은 결과[행운]를 빌다

    Everyone is keeping their fingers crossed that management and the union can work out a contract before the deadline.
    모두 다 경영층과 조합이 기한 전에 계약을 타결할 수 있도록 빌고 있습니다.

    to keep one's fingers crossed = to wish for good luck

74. **the green light** (사업 등에 대한) 허가[승인]

    The boards of both companies gave their CEO the green light to move forward with the merger.
    양사의 이사진들은 그들의 CEO에게 합병을 진행하도록 승인을 했습니다.

    the green light = permission to do some kind of activity

75. **a ballpark figure** 어림잡은 수치, 대략적인 수치

I asked the salesperson to give me a ballpark figure, but the official quote wasn't even close to what he said.
나는 세일즈맨에게 대략적인 금액을 물어보았지만, 공식적인 견적은 그가 말한 것과는 가깝지도 않았습니다.

a ballpark figure = a number, price, or other figure based on experience - usually in sales

76. **a little bird told me** (…의 일을) 풍문에 들었다, 어떤 사람에게서 들었다.

The CEO questioned the reporter's source for her damaging article. The reporter responded that a little bird told her.
CEO는 기자에게 그녀의 중상적인 기사의 정보원이 누구냐고 물었습니다. 기자는 풍문으로 들었다고 대답했습니다.

a little bird told me = I do not want to reveal the source of my information that I announced

77. **to spill the beans** (비밀을) 무심코 말해 버리다

The dark sides of the banking and financial worlds are being unveiled as industry insiders begin to spill the beans.
업계의 내부자들이 비밀들을 흘림에 따라 은행과 금융계의 어두운 면들이 드러나고 있습니다.

to spill the beans = to reveal a secret or to make a secret known publicly

78. **to put one's nose to the grindstone** 뼈 빠지게 일[공부]하다

Having great skills and putting your nose to the grindstone is really the only guaranteed path to business success.
훌륭한 기술을 가지고 있고 뼈 빠지게 일을 하는 것이 정말로 사업의 성공을 보장하는 유일한 길입니다.

to put your nose to the grindstone = to really work hard toward a goal

79. **to take off one's hat to something/someone** …의 업적에 경탄을 보내다, …를 존경하다

You have to take your hat off to Japan's exporting companies given all the obstacles they've had to overcome since 2011.
2011년부터 그들이 극복해야만 했던 모든 장애들을 감안한다면, 당신은 일본의 수출 기업들에게 경의를 표해야만 합니다.

to take off one's hat = to show respect for something or to celebrate someone for a great accomplishment

80. **a bitter pill to swallow** 어쩔 수 없이 해야 하는 일

Austerity measures in many nations around the world are a bitter pill to swallow for effected citizens.
세계의 많은 나라에서의 긴축 정책은 영향을 받은 시민들에게는 어쩔 수 없이 참아내야만 하는 일입니다.

a bitter pill to swallow = something that is very challenging to accept (losing a job, a position, or a game)

81. **a knight in shining armor** 번쩍이는 갑옷을 입은 기사, 구원자

   Many companies facing severe financial difficulties are waiting for a knight in shining armor to rescue them.
   심각한 재정난에 직면한 많은 회사들이 그들을 구조해 줄 갑옷의 기사를 기다리고 있습니다.

   a knight in shining armor = someone (a company) who rescues another person (another company) in distress

82. **to hit the nail on the head** 요점을 찌르다, 정곡을 찌르다

   The president of the company hit the nail on the head when she demanded that cost cutting was critical to the future of the company!
   그녀가 회사의 미래는 원가 절감에 달려 있다는 것을 요구하였을 때 그 회사의 사장은 정곡을 찌른 것이었습니다.

   to hit the nail on the head = to provide a perfect response, solution, or answer to a situation or someone's comment

83. **to be behind the eight ball** 궁지에 빠지다, 불리한 입장에 처하다

   Companies can ill afford to get behind the eight ball if they want to maintain their competitive advantages in the global markets.
   기업들이 세계 시장에서 경쟁 우위를 지속하고 싶다면 뒤처지게 되면 안 됩니다.

   to be behind the eight ball = to be late in developing technologies, to be behind schedule on a project, to be late in submitting data, reports, etc.

84. **the weakest link** 가장 약한 (연결) 고리(시스템·조직의 약점이 되는 부분)

Unqualified employees are the weakest link to a company that is looking for success or becoming a failure in a particular market.

특정 시장에서 기업이 성공하느냐 또는 실패하느냐는 자격이 안 되는 사원들에 의해 좌우됩니다.

the weakest link = one factor or one person that is the most critical point to a project being a success or a failure

85. **a financial injection** 금융기능강화(를 위한 조치)

The near failure of major banks throughout the world required a financial injection of public funds from many governments to survive the global meltdown.

전 세계에 걸쳐 주요 은행들이 거의 파탄 직전이 된 것은 세계적인 붕괴에서 생존하기 위해 정부로부터의 공적 자금의 재정적 투여를 요청하였습니다.

a financial injection = to deposit money into a bank, company, or project

86. **worth its weight in gold** 아주 유용한[귀중한]

Investment in R&D is worth its weight in gold. Companies that ignore investing in the future run the risk of being left behind by the competition.

연구개발에 투자하는 것은 엄청난 가치가 있습니다. 미래에의 투자를 무시하는 회사들은 경쟁 상대들에게 뒤떨어지는 위험성을 가지고 있습니다.

worth its weight in the gold = to be extremely valuable or useful

Part III   100 Idioms & Expressions

87. **to be on cloud nine** 너무나 행복한

Stockholders were on the cloud nine with the announcement of the company's decision to issue a stock split.
주주들은 회사의 주식 분할 결정 발표로 구름 위에 떠 있는 기분이었습니다.

to be on the cloud nine = to be very happy or pleased

88. **to turn around** 회복하다, 호전되다

The company CEO has not ruled out filing for bankruptcy if business conditions do not turn around soon.
회사의 CEO는 사업조건이 곧 호전되지 않는다면 파산 신청도 배제하지 않았습니다.

to turn around = business conditions get better

89. **to put a lid on something** …을 통제[단속]하다.

Management knew of the impending layoffs, but they tried to put a lid on it so employee morale would not decrease.
경영진은 임박한 해고를 알았지만, 그들은 종업원들의 사기가 저하되지 않도록 그것에 대해 비밀을 지키려고 했습니다.

to put a lid on it = to try and keep something secret

90. **to level the playing field** 공평한 경쟁의 장을 만들다[경쟁 분위기를 조성하다]

Hopefully the yen will lose some of its strength so that Japanese manufacturers can level the playing field and become more competitive.

엔화가 그 힘의 일부를 잃는다면 일본의 제조업체들은 공평하게 경쟁하게 되어 더 경쟁력이 있게 될 것입니다.

to level the playing field = to be competing fairly with all of the rules and regulations applied to all participants

91. **running on empty** 활기[돈, 힘, 특징, 창의력 등]을 소모한,

Business has been terrible for three quarters and the company financial funds are running on empty.

지난 3분기 동안 사업은 끔찍했고 회사의 자금은 바닥이 났습니다.

running on empty = to have very little money or energy left

92. **music to one's ears** 기쁜 소식, 듣기 좋은 것

Seeing the stock price soar on the news of the M&A made both CEOs' day. The good news was really music to their ears.

M&A의 소식에 주식 값이 상승하는 것을 보고 양사의 CEO는 크게 기뻐했습니다. 그 좋은 소식은 정말로 듣기에 행복한 것이었습니다.

music to the ears = information that makes you (someone) very happy

93. **a catch 22** (모순된 규칙[상황]에) 꼭 묶인 상태, 딜레마, 곤경

Developing countries are facing a catch 22. They need more tax revenues to pay for the debt, but they also need to implement austerity measures that will negatively affect the economy and reduce tax revenues.

발전도상국들은 곤경에 직면해 있습니다. 부채를 갚기 위해서는 더 많은 세수입이 필요하지만, 또한 경제에 부정적인 영향을 미치고 세수입을 감소시킬 긴축 정책을 도입할 필요가 있습니다.

Part III   100 Idioms & Expressions

a catch 22 = a decision among various options that has negative consequences regardless of what option is selected

94. **a kangaroo court** 불법(인민)재판, 부정규 재판

Some domestic fund managers are worried that if the Olympus officials are tried in a kangaroo court, Japan will lose credibility.
몇몇 국내 자산관리자들은 올림퍼스의 임원들이 사적 재판을 받는다면, 일본은 신뢰성을 잃을 것이라고 염려하고 있습니다.

kangaroo court = a legal system or legal investigation that is very unprofessional

95. **a money trap** 처음에는 돈을 벌거나 싸게 산 것 같지만 결국은 손해를 보는 상황

Lowering interest rates to make borrowing money easy for companies and individuals to stimulate the economy may seem like a good idea at first, but many economists believe it is a money trap that future generations will have to pay back.
이자율을 내려서 기업들이나 개인들이 돈을 빌리는 것을 용이하게 하여 경제에 활기를 넣는 것은 처음에는 좋은 생각인 것처럼 보이지만, 미래의 세대들이 되갚아야만 하는 돈의 함정이라는 것을 많은 경제학자들은 믿고 있습니다.

a money trap = a situation that makes getting money or buying something look easy but costs more in the long run

96. **a whistle blower** 내부고발자

Disgruntled employees usually become whistle blowers and report on their company's illegal activity.
불만이 있는 종업원들이 보통은 내부고발자가 되어 회사의 불법 행위를 신고합니다.

a whistle blower = someone, usually an employee, who reports to the police or other regulatory committees on an illegal activity within a company (usually his or her own)

97. **to be on the bubble** 성공이 불확실한

The potential candidates for the new position have been narrowed down to three with one of the three leaving the other two on the bubble.
새로운 지위에의 잠재적 후보들은 3명으로 좁혀졌는데, 3명 중 한 명이 나머지 2명을 성공이 불확실하게 만들고 있습니다.

on the bubble = uncertain of success

98. **to drag one's feet** 발을 질질 끌다, 지연하다

Both sides are accusing each other of dragging their feet in the negotiation process. At this pace, an agreement will never be reached.
양측은 교섭 과정에서 질질 끈 것에 대해 서로를 비난하고 있습니다. 이런 속도로는, 합의에 절대 이르지 못할 것입니다.

to drag one's feet = to move very slow on a work project or other activity

99. **to run on an empty battery** 일에 지쳐 힘이 다 빠지다, 에너지가 없다

Everyone was running on an empty battery by quitting time Friday night because they worked so hard all week to finish the project before the deadline.
프로젝트를 마감일 전에 완료하기 위하여 그들은 주일 내내 열심히 일을 하였기 때문에 금요일 밤 퇴근 시간에는 모두가 탈진한 상태였습니다.

to run on an empty battery = to be very tired from working too hard, having no energy

100. **to hit the panic button** 비상단추를 누르다, 놀라서 어쩔 줄을 모르다

When the bottom fell out of the markets, investors hit the panic button and sold off their stocks.
시장이 바닥을 치자, 투자자들은 당황하여 그들의 주식들을 매도하였습니다.

to hit the panic button = to raise awareness at the highest level and to take action (usually based on emotions)